AF274613

... **Títulos relacionados**

COML0210 GESTIÓN Y CONTROL DEL APROVISIONAMIENTO

[OTROS TÍTULOS DISPONIBLES]

Planificación y gestión de la demanda
UF0475

Rodrigo López Fernández

© 2024 Ediciones Paraninfo, S. A.
© 2024 Rodrigo López Fernández

Maquetación: Ediciones Nobel, S. A.

Impresión: Liberdigital (Casarrubuelos, Madrid)

ISBN: 978-84-283-6356-3
Depósito legal: M-3670-2024

Impreso en España

Rodrigo López Fernández es licenciado en Administración de Empresas por la Universidad Carlos III de Madrid y tiene un máster en Responsabilidad Social Corporativa por la Universidad Nacional de Educación a Distancia.

Es profesor técnico de Formación Profesional en la Comunidad de Madrid (IES Pablo Neruda) y también ha sido profesor asociado en el Departamento de Economía de la Empresa de la Universidad Carlos III. Además, ha escrito tres libros publicados por Paraninfo: *Operaciones de almacenaje*, *Logística comercial* y *Logística de aprovisionamientos*.

Índice

Introducción normativa

La Ley Orgánica 3/2022, de 31 de marzo, de ordenación e integración de la Formación Profesional, contiene una disposición derogatoria única que afecta a la regulación de los certificados de profesionalidad, ahora denominados **Certificados Profesionales**. La referida normativa deroga la Ley Orgánica 5/2002, de 19 de junio, de las Cualificaciones y de la Formación Profesional, y abre un escenario de cambios que se irán implementando progresivamente.

La Ley Orgánica 3/2022, de 31 de marzo, de ordenación e integración de la Formación Profesional implica que toda la formación es acumulable. La oferta formativa se estructura de forma escalonada, siendo los Certificados Profesionales un nivel intermedio (Grado C) de una escala que va desde el Grado A hasta el E.

En los artículos 35 a 38 de la Ley 3/2022 se describe en qué consisten estos Certificados Profesionales: su oferta, formación asociada, estructura, duración, acceso, titulación y validez. Posteriormente, esta normativa se completa con lo dispuesto en el Real Decreto 659/2023, de 18 de julio, que desarrolla la ordenación del sistema de Formación Profesional. Concretamente en los artículos 67 a 81 es donde se hace referencia a la oferta formativa de Grado C, correspondiente a los Certificados Profesionales.

Están agrupados en 26 familias profesionales con características comunes del sector. En la actualidad hay más de medio millar de Certificados Profesionales incluidos en el Repertorio Nacional. Esta cifra no deja de crecer. Además, cada certificado está específicamente regulado por un real decreto.

Un Certificado Profesional corresponde al Grado C de la oferta del Sistema de Formación Profesional. Es un documento oficial, con validez en todo el territorio nacional y debe constar en el Catálogo Nacional de Ofertas de Formación Profesional, que certifica la capacitación para el desarrollo de una actividad profesional.

Debe detallar los módulos profesionales superados y los estándares de competencia profesional asociados a él e incluidos en el **Catálogo Nacional de Estándares de Competencias Profesionales**, así como su correspondencia con el Marco Español de Cualificaciones.

Despliegan su validez en un doble ámbito, laboral y académico:

- En el contexto laboral tienen validez profesional, porque acreditan las competencias en una determinada profesión. Para poder trabajar en algunas profesiones, se exigen determinadas cualificaciones, y los certificados sirven para acreditarlas.

- Asimismo, tienen validez académica, puesto que permiten continuar un itinerario formativo siempre que se cumplan los requisitos de acceso para cursar la titulación deseada. De tal modo que, los Certificados Profesionales que sean parte de un Grado D permitirán la matrícula modular para completar los módulos establecidos en el currículo y obtener el correspondiente título de técnico básico, técnico o técnico superior con validez en todo el territorio nacional.

Para obtener un Certificado Profesional (Grado C) es preciso cumplir con los requisitos de acceso para realizar la formación.

Estructura de los Certificados Profesionales

I. Identificación: denominación, familia y área profesional a la que pertenecen; nivel de cualificación profesional (1, 2 o 3); cualificación profesional de referencia; entorno profesional y módulos formativos que esté previsto cursar junto con la duración de cada uno de ellos.

II. Perfil profesional: incluye las competencias profesionales requeridas en el mercado laboral. En todas ellas se concretan las realizaciones profesionales y los criterios de realización.

III. Formación: describe los módulos formativos que esté previsto cursar para adquirir las competencias requeridas. En cada uno de ellos se indican las capacidades que se pretende alcanzar y la duración del módulo de prácticas no laborales —PNL—, para el que cabe solicitar exención si se cumplen determinados requisitos.

IV. Prescripciones de las personas formadoras.

V. Requisitos mínimos de espacios, instalaciones y equipamiento.

Los Certificados Profesionales se identifican con una denominación concreta y un código alfanumérico propio, y sirven para acreditar una determinada cualificación profesional. Cada certificado está asociado a una relación de unidades de competencia que, a su vez, se vinculan con una serie de módulos formativos específicos. Algunos módulos están integrados por unidades formativas y tanto unos como otras son, en ocasiones, transversales, lo que significa que se trata de contenidos incluidos en más de un Certificado Profesional.

Los Certificados Profesionales se articulan en tres niveles de competencia profesional (1, 2 y 3) conforme a lo dispuesto en el que será el Catálogo Nacional de Estándares de Competencias Profesionales, anteriormente Catálogo Nacional de Cualificaciones Profesionales (CNCP), según los criterios establecidos de conocimientos, iniciativa, autonomía y complejidad de las tareas, en cada una de las ofertas de Formación Profesional.

La oferta formativa dirigida a la obtención de los Certificados Profesionales tiene carácter modular para favorecer la acreditación parcial acumulable de la formación recibida y posibilitar así el avance en el itinerario de Formación Profesional para cualquiera que sea la situación laboral de cada persona en cada momento.

En definitiva, el Grado C constituye la oferta, parcial y acumulable, del sistema de Formación Profesional, de varios módulos profesionales del catálogo modular de Formación Profesional por razón de su significado en el mercado laboral y conducente a la obtención de un Certificado Profesional.

Las ofertas de Grado C de Formación Profesional tendrán por objeto módulos profesionales incluidos previamente en el catálogo modular de formación profesional y asociados al Catálogo Nacional de Estándares de Competencias Profesionales.

Finalidad de los Certificados Profesionales

- Contribuir a la ordenación de un Sistema de Formación Profesional al servicio de un régimen de formación y acompañamiento profesionales que sea capaz de responder con flexibilidad a los intereses, expectativas y aspiraciones de cualificación profesional de las personas a lo largo de su vida.

- Combinar escuela y empresa situando a la persona en el centro del sistema.

- Facilitar el aprendizaje permanente de toda la ciudadanía mediante una formación abierta, flexible y accesible, estructurada de forma modular, a través de la oferta formativa asociada al certificado.

- Acreditar las cualificaciones profesionales o las unidades de competencia recogidas en estas, independientemente de su vía de adquisición, bien sea a través de la vía formativa, o mediante la experiencia laboral o vías no formales de formación.

- Favorecer, tanto a nivel nacional como europeo, la transparencia del mercado de trabajo.

- Contribuir a la calidad de la oferta de Formación Profesional.

Este libro

El presente libro desarrolla la Unidad Formativa denominada *Planificación y gestión de la demanda* UF0475.

Dicha unidad formativa está asociada a la Unidad de Competencia UC1003_3, forma parte del Módulo formativo MF1003_3 *Planificación del aprovisionamiento,* perteneciente a la Cualificación Profesional de referencia COM315_3, de nivel 3, incluida en el Certificado de Profesionalidad denominado *Gestión y control del aprovisionamiento,* dentro de la familia Comercio y Marketing.

Según el Real Decreto 1522/2011, de 31 de octubre, los contenidos que en esta obra se recogen se corresponden con una duración de 70 horas.

Tanto la estructura como el desarrollo del libro se ajustan al citado Real Decreto y más concretamente a los contenidos de la Unidad Formativa que le da título *Planificación y gestión de la demanda* UF0475.

Contenidos

1. **Logística interna de la empresa**
   - La empresa como unidad logística
   - Organización funcional de la empresa:
     - Producción/fabricación
     - Compras.
     - Financiero
     - Comercial/ventas
   - Actividades logísticas:
     - Aprovisionamiento
     - Producción
     - Distribución
     - Almacenamiento
   - El plan logístico según tipos de empresas:
     - Industrial, comercial, servicios
   - La cadena de suministro de la empresa. Eslabones:
     - Compras
     - Suministro

- Gestión de inventarios y *stock*
- Transporte
— Externalización de la función logística: ventajas e inconvenientes

2. Previsión de demanda

— Definición de la demanda según tipos de empresa y procesos de producción
— Tipos de demanda y necesidades de producción:
  - Demanda independiente
  - Demanda dependiente
— Previsión de demanda y plan de ventas:
  - Variables a considerar
  - Políticas y estrategias de actuación posible
— Previsión de la actividad y de los costes
  - Técnicas y hojas de cálculo: fórmulas habituales
  - Cuadros de control y presupuesto: elaboración

3. Planificación y organización de la producción/distribución

— La función productiva de la empresa y el aprovisionamiento
— Elementos que intervienen en la planificación de la producción:
  - Procesos de fabricación
  - Equipos e instalaciones
  - Capacidad de producción
  - Estructura de fabricación del producto
  - Disposición de mano de obra directa (MOD)
  - Relación proveedores
  - Calidad y costes de producción/distribución
— Clasificación de la producción/distribución:
  - Producción regular y extraordinaria
  - Producción por montaje
  - Producción por lotes
  - Producción sobre pedido
  - Producción de proceso continuo

- Producción para *stock*
- Producción por proyectos
— Nivel de producción y capacidad productiva: concepto y niveles
  - Capacidad ideal
  - Capacidad práctica
  - Capacidad normal
— Estrategias actuales de organización de la producción: procesos flexibles, rápidos y adaptados a la variabilidad de la demanda y necesidades

4. Técnicas de planificación y control de proyectos

— Introducción a los sistemas de planificación, programación y control de proyectos
— Definición de actividades
— Representación gráfica de un plan de producción
— Teoría de las restricciones (cuello de botella):
  - Restricción de mercado
  - Restricción de materiales
  - Restricción de capacidad
  - Restricción logística
  - Restricción administrativa
  - Restricción de comportamiento
— Calculo de tiempos y holguras
— Calendario de ejecución y nivelación de recursos
— Métodos de control de planes de producción
  - PERT y CPM
  - GANTT
  - Método Roy o de los potenciales
— Ejemplos prácticos sobre la aplicación de los métodos de control
— Aplicaciones informáticas de planificación y control de proyectos

5. Gestión de la producción y aprovisionamiento

— Concepto e importancia de la gestión de la producción y aprovisionamiento

■ Nota del Editor

En Ediciones Paraninfo estamos comprometidos con la calidad de la formación e intentamos que nuestros materiales respondan fielmente y con rigor a las necesidades de todos cuantos confían en nuestro sello editorial.

Tratamos de dar respuesta a los currículos de las unidades formativas y de los módulos que integran los distintos Certificados Profesionales, equilibrando la parte teórica con la práctica para que los procesos de aprendizaje se conviertan en experiencias gratificantes, tanto para docentes como para las personas inmersas en los procesos formativos.

Nuestros objetivos son contribuir de forma decisiva a afianzar aprendizajes, ayudar a adquirir destrezas que tengan significado para el empleo y conseguir potenciar el desarrollo personal.

Para lograrlo contamos con excelentes autores, expertos en las materias que abordan, en la mayoría de los casos docentes de dichas especialidades con dilatada experiencia tanto profesional como académica, porque buscamos perfiles familiarizados con los contextos laborales concretos a los que se refieren nuestros manuales.

Confiamos en poder serte de ayuda y esperamos tus impresiones acerca de nuestro trabajo. Sean positivas o negativas, serán muy bien recibidas y, sin duda, nos ayudarán a seguir mejorando y trabajando con ilusión para continuar siendo un referente en formación para el empleo.

Agradecemos tu confianza en nuestros manuales. Todo nuestro equipo queda a tu total disposición. Puedes contactar con nosotros en esta dirección de correo electrónico:

info@paraninfo.es

1. La logística interna de la empresa

Introducción

Para poner un producto a disposición del consumidor, ha sido necesario realizar una serie de actividades. Estas actividades comprenden el aprovisionamiento de materias primas, la fabricación, el almacenaje y la distribución del producto final. Todas estas actividades son las que comprende la denominada *función logística.*

La función logística tiene como finalidad entregar el producto cuando el cliente lo demanda (de forma rápida y en el tiempo acordado), en buenas condiciones (sin desperfectos), y donde el cliente lo desea adquirir o recibir. Todo ello debe ser realizado además a un coste razonable.

La gestión de la logística tiene cada vez más importancia y es un factor de diferenciación que la empresa puede emplear para ganar clientes y reforzar su posición en el mercado.

Objetivos

— Conocer la importancia de la logística dentro de la empresa.

— Definir las actividades que agrupa la función logística.

— Diferenciar la logística de los distintos tipos de empresas.

— Describir el concepto de cadena de suministro.

— Enumerar y definir los distintos eslabones de la cadena de suministro.

Contenido

1.1. La empresa como unidad logística

Existen muchas definiciones de lo que significa el término *logística*, pero todas ellas tienen una característica común; es la función de la empresa encargada de llevar la producción al consumidor final. La logística funciona como un enlace entre producción y mercados, pues su objetivo es satisfacer al consumidor proporcionado los productos que demanda, en el momento, lugar y cantidad deseada, y todo ello al mínimo coste.

Como se puede observar en la definición anterior, la función logística tiene como misión hacer llegar el producto al cliente:

- En el momento en que lo demanda el cliente. Existen muchos productos en los que la oportunidad es un factor esencial por ser perecederos. Por ejemplo, nadie querría comprar hoy el periódico de ayer.

- En el lugar deseado. El cliente desea que el producto le sea ofrecido en un sitio determinado, donde le resulte más fácil o atractivo adquirirlo.

- En la cantidad adecuada: dependiendo del tipo de cliente, las empresas deberán ofrecer su productos en distintos formatos (unidades, cajas, palés completos…).

Cuando una empresa no cumple con estos objetivos se produce lo que se denomina rotura de *stock*. Esta rotura de *stock* supone un coste muy elevado por dos motivos:

- En primer lugar, supone una venta potencial no realizada.

- El segundo motivo, casi siempre más importante que el primero, es que una rotura de *stock* supone que la empresa va a perder imagen de cara a su cliente, comprometiendo de esta manera las ventas futuras.

Actividad propuesta 1.1.

El coste de rotura de *stock* y de almacenaje

Supongamos que una empresa tiene los siguientes costes:

Ca= Coste de almacenaje unitario. Es el coste que a la empresa le supone almacenar una unidad de un producto determinado.

Cr= Coste de rotura de *stock* unitario. Es el coste que a la empresa le supone no atender un pedido de una unidad por falta de *stock*.

P= Es el nivel de servicio que vamos a fijar. El nivel de servicio es el porcentaje de demanda que vamos a atender. Por ejemplo, si lo fijamos en 1 (100 %), vamos a atender todos los pedidos que me hagan los clientes.

1-P = Probabilidad de que se produzca una rotura de *stocks,* en tantos por uno. Por ejemplo, si el nivel de servicio es 0,95 (95 %), de cada 100 unidades que me piden vendemos 95, 5 las dejamos de vender porque no tenemos *stock* suficiente.

Cuando se produce un pedido, la empresa incurre en los siguientes costes:

- Si lo atiende, ha incurrido en el coste de almacenamiento del artículo, lo cual ocurrirá con una probabilidad de P. El coste esperado una unidad si no se produce rotura de *stocks* será de P×Ca.

- Si no lo atiende, incurrirá en el coste de rotura de *stock*, lo cuál ocurrirá con una probabilidad de 1-P. El coste esperado si se produce rotura de *stock* será de (1-P) ×Cr.

El nivel de servicio adecuado sería aquel en que a la empresa le da igual que exista rotura de *stocks* o no, es decir, cuando le da igual tener la unidad almacenada o no, y por tanto:

$$P \times Ca = (1-P) \times Cr$$

$$P = \frac{C_r}{C_a + C_r}$$

Si por ejemplo, el coste de almacenaje unitario fuera de 1 € y el coste de rotura de *stocks* unitario fuera de 7 €,

el nivel de servicio adecuado (p) sería de:

$$P = \frac{C_r}{C_r + C_a} = \frac{7}{7+1} = 0,875 \text{ es decir, un } 87,5\%$$

Se pide:

Calcula el nivel de servicio adecuado y la probabilidad de rotura de *stock* para los siguientes casos:

1. Cuando el Ca= 5 €/unidad y el Cr= 85 €/ unidad.

2. Cuando el Ca= 10 €/ unidad y el Cr= 50 €/unidad.

Analiza los resultados obtenidos.

A pesar de la importancia que tiene el servicio al cliente, este no puede supeditar toda la actividad logística, y de ahí el segundo objetivo de la función logística que aparece en la definición: satisfacer las necesidades del cliente al mínimo coste.

Para una empresa sería muy fácil ofrecer a sus clientes un nivel de servicio del 100 %. Esta situación sería aquella en que la empresa no deja ningún pedido sin atender. Por ejemplo, una panadería con una demanda media de 100 barras de pan al día podría atender todos sus pedidos si hace un pedido diario de 500 unidades. Por supuesto, aparte de los costes de almacenaje de estos pedidos, todos los días se perdería buena parte de los productos no vendidos.

Por tanto, los directivos de logística de las empresas tratan de encontrar un equilibrio entre el nivel de servicio y los costes logísticos.

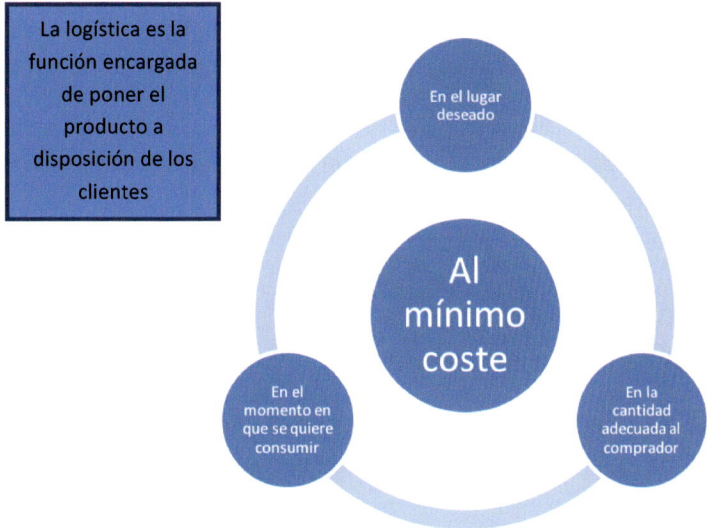

Figura 1.1. Definición de logística.

1.2. La organización funcional de la empresa

La división y especialización del trabajo tiene su fundamento en las teorías de Frederick Taylor. Taylor fue un ingeniero industrial estadounidense promotor de la organización científica del trabajo. Bajo sus teorías, las empresas empiezan a organizarse en departamentos con el objetivo de que en cada uno de ellos se agrupen un conjunto de empleados que realicen una función específica. Estos empleados están bajo el mando de un supervisor.

Definir la estructura organizativa de una empresa es tarea complicada. En esta estructura se definen los distintos departamentos de la empresa, y se asigna personal y recursos a cada uno de ellos. Los departamentos clásicos en que se organiza una empresa son los siguientes.

1. **Producción**: es el encargado de la fabricación de los productos según las previsiones de ventas y los objetivos de gastos.

2. **Compras**: la función de este departamento es adquirir los aprovisiona-mientos que la empresa necesita para la producción, según los objetivos de costes y calidad definidos.

3. **Finanzas**: es el departamento encargado de obtener los recursos financie-ros necesarios para el funcionamiento de la empresa. También se encarga de planificar los pagos y de conseguir una estructura saneada y solvente.

4. **Comercial y ventas**: se encarga de hacer previsiones de demanda para el departamento de producción, además de conseguir clientes y vender los productos terminados.

Junto a estos departamentos también tendríamos el de Recursos Humanos (organiza el personal de la empresa), Administración, y la Dirección o gerencia de la empresa.

1.3. Las actividades logísticas

Las actividades mediante las cuales la logística cumple con sus objetivos son las siguientes:

- Aprovisionamiento.
- Producción.
- Distribución.
- Almacenamiento.

Estas actividades (las estudiaremos más detalladamente en siguiente epí-grafe) se pueden integrar de distintas formas en el organigrama de la em-presa. Un organigrama es una representación esquemática de los distintos departamentos, unidades de negocio, direcciones, etc., que componen la em-presa, así como las relaciones de jerarquía que existen entre ellos.

Las actividades logísticas no actúan aisladas del resto de funciones de la em-presa, y por ello, se integra dentro del organigrama de la misma, bien como un departamento propio, bien como parte de otros departamentos. Ambas posi-bilidades aparecen en los siguientes ejemplos.

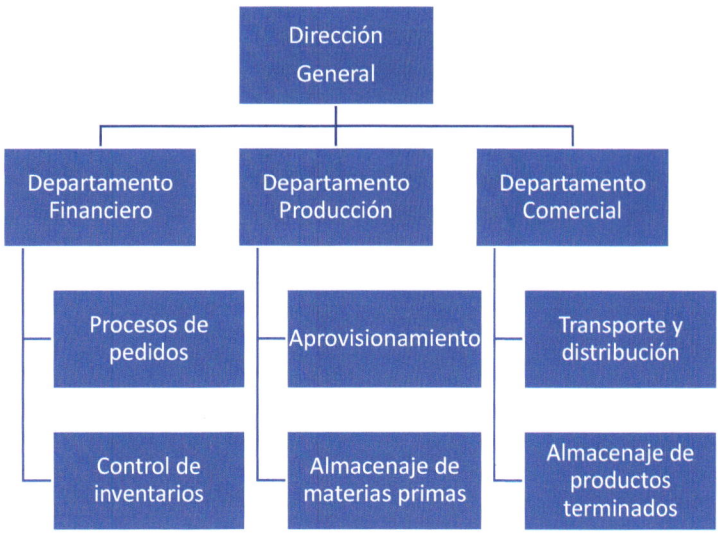

Figura 1.2. Organigrama de empresa con la logística
repartida entre distintos departamentos.

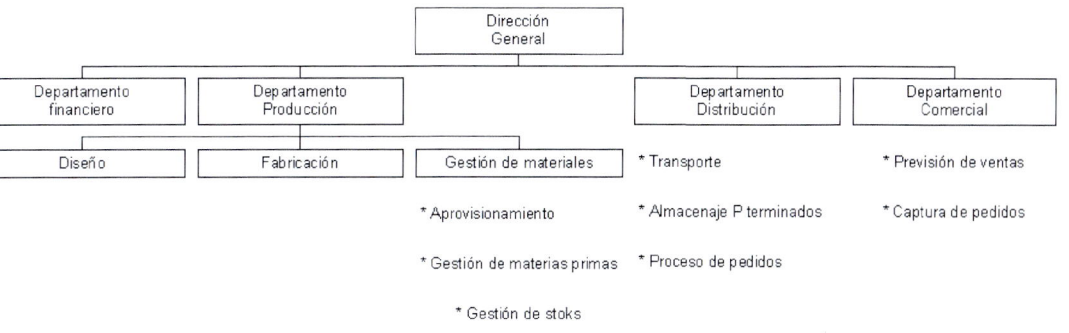

Figura 1.3. Organigrama de empresa con la logística
repartida entre distintos departamentos.

Figura 1.4. Organigrama de empresa con la logística como departamento independiente.

En estos tres organigramas podemos ver tres ejemplos de cómo organizar la función logística dentro de una empresa. En los dos primeros, las distintas actividades que componen dicha función han sido atribuidas a los distintos departamentos que existen en la empresa. En el último de ellos, se ha creado un departamento logístico con entidad propia.

1.4. El plan logístico según los tipos de empresa

Las empresas, en función del sector en que desarrollan su actividad pueden dividirse en tres grandes grupos:

- **Empresas comerciales**: venden a sus clientes productos que previamente han adquirido de sus proveedores, sin someterlos a ningún tipo de transformación (estos productos se denominan *mercaderías*). En esta categoría entrarían desde una pequeña tienda de barrio a las grandes multinacionales de la distribución comercial, tales como Alcampo, Carrefour, Media Markt, etcétera.

- **Empresas industriales**: su actividad principal es producir bienes a partir de la transformación o extracción de materias primas. Dentro de este grupo encontramos empresas extractivas (dedicadas a la explotación de recursos naturales como la pesca o la minería), y manufactureras (fabrican productos a partir de materias primas). Dentro de este último grupo estarían las empresas que producen para el consumidor final (automóviles, equipos electrónicos, viviendas, etc.) y las que producen bienes de equipo (maquinaria, herramientas, etcétera).

- **Empresas de servicios**: no venden bienes físicos, pues su actividad es prestar servicios a sus clientes. Aquí encontraríamos todo tipo de empresas tales como transportistas, entidades financieras, hoteles, etcétera.

Dependiendo del tipo de empresa, las actividades que comprende la función logística son distintas:

1.4.1. En empresas industriales

Los procesos que realizan estas empresas desde que compran materias primas hasta que estas son transformadas y vendidas en el mercado se pueden apreciar en el siguiente cuadro:

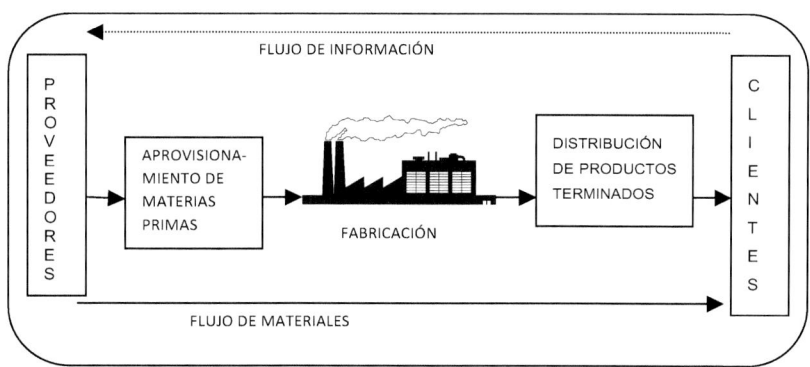

Figura 1.5. Actividades logísticas en la empresa industrial.

Los procesos son los siguientes:

1. **Aprovisionamiento de materiales**: dentro de esta actividad se incluye la realización de los pedidos, el transporte y el almacenaje de las materias primas y otros aprovisionamientos necesarios para iniciar el proceso de producción.

   La misión fundamental de la función de aprovisionamiento es que la fábrica pueda elaborar sus productos de forma continua, paliando el riesgo que supone una parada de las máquinas. Además de esta función, el departamento de aprovisionamientos debe intentar conseguir los suministros en las condiciones más favorables, evitando, en la medida de lo posible, un exceso de *stock*.

2. **Fabricación**: es el proceso mediante el cual se transforman los materiales adquiridos en la fase anterior, en productos terminados y disponibles para la venta.

3. **Distribución**: cuando el producto ya ha sido elaborado y está disponible para la venta, se debe proceder a su almacenaje temporal, y a su transporte hasta las instalaciones del cliente.

4. **Gestión de *stocks***: a todos estos procesos, habría que añadir uno más, que es la gestión de los inventarios de todo el sistema logístico. Esta actividad se denomina *gestión de stocks*, e implica tomar decisiones sobre cuánto almacenar de un determinado producto o material, cuántas unidades debemos pedir en cada pedido, o a partir de qué nivel de *stock* es necesario lanzar una orden de reposición.

En los procesos descritos se producen dos clases de flujos:

1. **Flujo de materiales**: comprenden todo el movimiento de materiales desde el proveedor hasta el cliente. Estos movimientos son principalmente dos:

   - Transporte: se transportan materias primas y otros aprovisionamientos del proveedor a la empresa y productos terminados desde la empresa hasta sus clientes. En algunas ocasiones, cuando una firma posee varios centros de producción, también es necesario transportar productos semielaborados entre estos centros.

   - Almacenaje: las materias primas y el resto de materiales necesarios para la producción no se incorporan directamente desde el medio de transporte al proceso de fabricación, sino que son almacenados para irse introduciendo en la medida en que son necesarios.

De igual manera, los productos terminados son almacenados hasta que son enviados al cliente. Por último, es necesario también almacenar los productos a los que les queda pendiente alguna fase del proceso de producción (productos semiterminados).

2. **Flujo de información**: los procesos descritos anteriormente funcionaban de forma inconexa. La función de aprovisionamiento buscaba productos baratos, aun a costa de realizar pedidos de gran tamaño. La función de fabricación buscaba una reducción de costes vía economías de escala, a pesar de producir en exceso productos que no podían ser vendidos. Por último, la función de distribución se preocupaba sobre todo de colocar los productos de la forma más barata posible, sin atender a las exigencias de rapidez de los clientes.

   Todo ello se traducía en tiempos largos de respuesta al cliente y exceso de *stock* en las distintas partes del proceso logístico. Por todo ello, las técnicas modernas de gestión de *stocks* se encaminan hacia la reducción del *stock* y la calidad del servicio por encima de otras consideraciones. En este proceso de cambio, la información del mercado es fundamental. Los sistemas de gestión de *stocks* más modernos se basan en los flujos de información, y funcionan de la siguiente forma:

   I. El departamento de investigación de mercados determina la previsión de ventas.

   II. En función de esta previsión, se estima el nivel de productos terminados requerido.

   III. Se calcula la previsión de fabricación restando al *stock* de productos terminados requerido, el nivel de *stock* de productos terminados actual.

   IV. Según la previsión de fabricación, se calcula en nivel de *stock* de materias primas y otros aprovisionamientos requerido.

   V. Se calcula la cantidad a pedir a los proveedores de materias primas y otros aprovisionamientos, teniendo en cuenta el *stock* actual de ambos.

Como se puede observar, los flujos de información parten del mercado (clientes), y son los que determinan casi todas las variables del proceso logístico.

Actividad resuelta 1.1

Zumex es una empresa industrial que se dedica a la producción y envasado de zumo de distrintos tipos de frutas. Para los briks de un litro de zumo de naranja, el departamento de compras hace sus pedidos de materias primas de forma mensual. Las materias primas necesarias para cada brik son el envase y 4 kg de naranjas.

A finales de julio se planifica el aprovisionamiento de estas materias primas, y se dispone de los siguientes datos:

1. El departamento de ventas ha previsto que en agosto se venderán 1500 unidades.

2. Para cubrirse de posibles eventualidades, la empresa suele contar con un *stock* de seguridad compuesto por 200 kg de naranjas, 100 envases y 100 briks de zumo

3. El *stock* actual es de 400 kg de naranjas, 200 envases y 300 briks de zumo.

¿Cuánto debe pedir a su proveedor de materias primas?

Como hemos visto en el tema, debemos partir de las unidades que pensamos que vamos a vender para decicir cuánto pedir al proveedor. Razonamos de la siguiente forma:

1. Nivel de productos terminados exigidos:

   La empresa debe tener 1500 unidades para cubrir las ventas previstas, más los 100 briks que tiene para cubrir eventualidades, es decir, en total 1600 unidades.

2. Previsión de fabricación:

   Como la empresa tiene en sus almacenes 300 briks, deberá fabricar 1600-300 = 1300 unidades.

3. Previsión de materias primas requeridas:

   Naranjas: para producir 1.300 briks se necesitan 1300 x 4 kg = 5200 kg de naranjas. Si añadimos el *stock* de seguridad, necesitaremos 5200 kg + 200 kg = 5400 kg.

   Envases: se necesitan 1300 envases más el *stock* de seguridad de 100, es decir, 1400.

4. Cantidad a pedir:

   Naranjas: para cubrir la previsión de ventas de agosto, se requieren 5400 kg. Como la empresa tiene 400 kg solo será necesario pedir 5000 kg.

   Envases: se requieren 1400. Como hay un *stock* de 200, solo se pedirá la diferencia, es decir, 1200 envases.

Como se puede observar en el ejemplo, la previsión de ventas es la que determina las unidades a fabricar y los materiales a almacenar, intentando pedir solo lo justo para cubrir la demanda del mes.

1.4.2. En empresas comerciales

En una empresa comercial las actividades logísticas son menos numerosas que en el caso de las empresas industriales, debido a que estas empresas no transforman los productos que reciben de sus proveedores. Estas actividades se resumen en el siguiente cuadro:

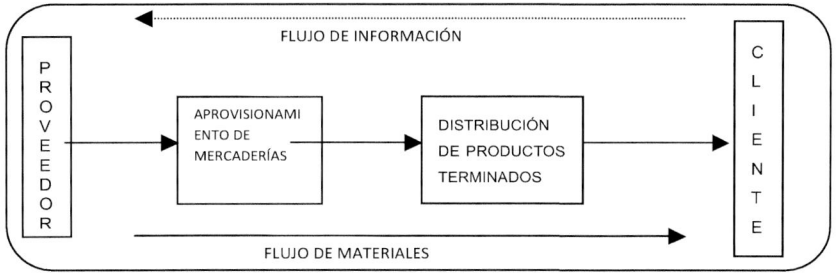

Figura 1.6. Actividades logísticas en la empresa comercial.

1. **Aprovisionamiento de mercaderías**: dentro de esta actividad se incluye la realización de los pedidos, el transporte y el almacenaje de los productos que la empresa va a vender a sus clientes.

   La función principal de la función de aprovisionamientos es conseguir unas buenas condiciones de compra de los proveedores, además de mantener un nivel de *stock* suficiente para atender los pedidos de los clientes, sin que este *stock* sea excesivo.

2. **Distribución**: en las empresas comerciales esta función implica procesar, preparar y transportar los pedidos de los clientes.

   Como en el caso de las empresas industriales, en los procesos descritos se producen dos clases de flujos:

   Flujo de materiales:

   - Transporte: se transportan las mercaderías del proveedor a la empresa y desde la empresa hasta sus clientes. En algunas ocasiones, cuando una firma posee varios almacenes, también es necesario transportar mercaderías entre los mismos.

   - Almacenaje: las empresas comerciales deben almacenar los productos que compran de sus proveedores hasta que estos son vendidos al cliente.

   Flujo de información: en las empresas comerciales también se tiene en cuenta la previsión de ventas, así como las ventas efectivamente realizadas para decidir la cantidad de productos que van a pedir a sus proveedores.

Actividad propuesta 1.2.

A continuación, intentaremos aplicar el sistema de gestión basado en la demanda para una empresa comercial. La empresa en cuestión es una librería que, a diferencia de la imprenta, solo vende libros sin someterlos a ningún proceso de transformación. Por tanto, ya no estamos hablando de productos terminados ni de materias primas, sino de mercaderías.

Para el mes de febrero, la librería ha previsto que venderá 500 unidades de un determinado título. Si fija un *stock* de seguridad de 10 unidades, y tiene 20 en el almacén, ¿cuántos libros tendrá que pedir a su proveedor?

Para resolver el problema, hay que tener en cuenta que las fases vistas en el caso de la imprenta quedan reducidas solo a dos:

1. Previsión de mercaderías.
2. Cantidad de mercaderías a pedir.

1.4.3. Empresas de servicios

Actualmente, el sector servicios representa la mayor parte de la producción mundial. Dentro de este sector, encontramos empresas dedicadas a actividades de comercio, turismo, servicios sociales, finanzas e, incluso, la logística y el transporte.

La principal característica de estas empresas es que no venden productos físicos (salvo las empresas comerciales que hemos visto en el apartado anterior), y por eso su logística no tiene tanto que ver con el transporte y almacenamiento de materiales como en otro tipo de empresas del sector industrial.

Dada la gran variedad de empresas del sector servicios, es difícil hacer una descripción general de sus procesos logísticos, pero todos ellos tienen una finalidad común, que es lograr la mejor experiencia posible para el cliente. Para lograr este objetivo, la logística de las empresas de servicios se basa en una buena gestión y coordinación del personal ya que, al fin y al cabo, son los empleados de la compañía los que acaban prestando el servicio.

1.5. La cadena de suministro. Eslabones

Se entiende por cadena de suministro al conjunto de empresas vinculadas entre sí, y que participan en la producción, almacenamiento, distribución y comercialización de un producto y sus componentes.

Por ejemplo, cuando alguien compra una barra de pan en una panadería, han tenido que intervenir una serie de empresas para que el producto se encuentre allí.

La panadería ha tenido que comprar la barra a una panificadora, y esta a su vez, ha tenido que comprar la harina y el resto de ingredientes para su elaboración.

Actividad propuesta 1.3.

Describe con un esquema las empresas que crees que intervienen en la cadena de suministro de un *brick* de leche, desde el ganadero hasta el consumidor final.

La cadena de suministro comienza en el proveedor de primer nivel (el que suministra directamente a la compañía) y termina cuando el producto está en manos del cliente de la empresa, ya sea mayorista o minorista. La gestión de la cadena de suministro, en cambio, abarca todas las fases del suministro, fabricación y distribución del producto, desde su mismo origen hasta el consumidor final, incluyendo procesos tales como la gestión de las relaciones con proveedores y clientes.

El estudio de la cadena de suministro debe verse desde el punto de vista de una empresa concreta, para poder establecer sus distintos componentes o eslabones. Básicamente, estos eslabones son los siguientes:

- **Proveedores:** los proveedores de primer nivel suministran materiales al fabricante, los de segundo nivel venden a proveedores de primer nivel y así sucesivamente.

- **Fabricantes:** transforman los materiales en productos terminados.

- **Distribuidores:** forman el denominado *canal de distribución*. Los distribuidores son los encargados de hacer llegar el producto al consumidor final, y pueden ser mayoristas, si venden a otro distribuidor, o minoristas, si venden los productos al consumidor final.

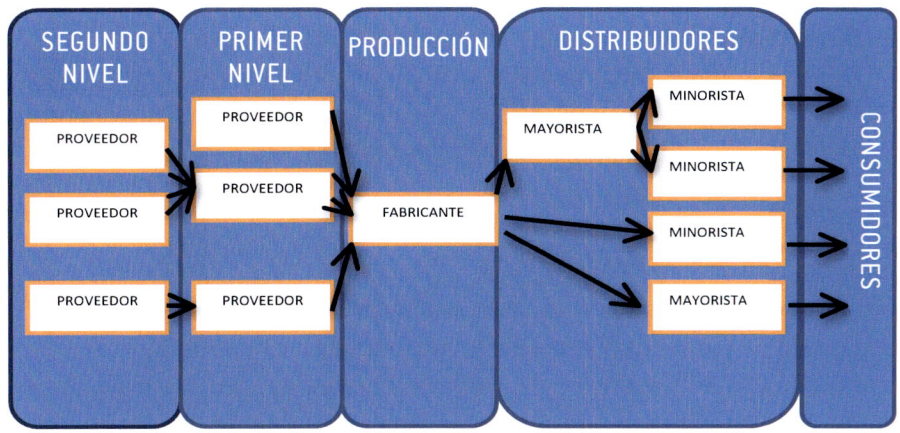

Figura 1.7. Componentes de la cadena de suministro.

1.5.1. La función de aprovisionamiento y de compras

Dentro de la gestión de la cadena de suministros, la función de aprovisionamiento es la encargada de poner a disposición de la empresa los materiales que necesita para desarrollar su actividad. La gestión del aprovisionamiento incluye dos funciones:

1. **Compras:** es la parte de la gestión del aprovisionamiento encargada de adquirir los bienes y servicios a los proveedores. Comprar bien es fundamental, pues el coste de los materiales es un porcentaje muy alto del coste del producto final. Además de la calidad de los componentes con los que fabricamos un productos, depende en gran medida la calidad del producto final.

2. **Gestión de *stocks*:** la gestión de los inventarios o *stocks* de aprovisionamientos supone tomar decisiones sobre los niveles de artículos que se deben almacenar, las cantidades que tenemos que pedir al proveedor en cada pedido, el momento de emitir cada uno de estos pedidos, etcétera.

1.5.2. El transporte y la distribución

Como vimos en apartados anteriores, la distribución es la parte de la logística encargada de hacer llegar el producto al cliente de la empresa. La gestión del transporte y la distribución implica muchas decisiones tales como decidir qué medios de transporte se van a emplear, planificar las rutas de reparto o gestionar las flotas de vehículos.

Las flotas de vehículos

Cuando una empresa decide emplear medios propios para el transporte de sus mercancías necesita contar con una flota de vehículos. Un medio de transporte propio genera multitud de costes a los que la empresa tiene que hacer frente. Por ello, gestionar correctamente esta flota es vital para controlar estos costes.

Un primer aspecto de las flotas a tener en cuenta son los tipos de vehículos que la forman. De la elección de uno u otro dependerá en gran medida que los costes de distribución sean más o menos elevados.

Por ejemplo, sería absurdo hacer un pequeño envío a un cliente que vive en una gran ciudad mediante un vehículo pesado, cuyo consumo de combustible es muy superior al de los demás, y tendrá problemas para acceder al punto de destino. De igual modo, tampoco sería rentable realizar un envío de gran tamaño en varios vehículos ligeros, pues tendríamos que pagar el salario de más conductores que si empleamos un solo vehículo pesado. Por todo ello las empresas distinguen entre:

- **Transporte de larga distancia**

  Se trata del transporte de cargas completas punto a punto. Para ser económico se debe emplear la denominada flota pesada. Dicha flota pesada estará formada por vehículos rígidos, y vehículos articulados:

  La flota pesada se emplea para transportes a carga completa *punto a punto*.

  Vehículos rígidos: son los denominados *camiones*. Su masa máxima autorizada oscila entre las 18 Tm y las 32 Tm, dependiendo del número de ejes, si lleva neumáticos dobles y el tipo de suspensión.

  Vehículos articulados: compuestos normalmente de una cabeza tractora y un semirremolque, su MMA va desde los 36 Tm hasta los 44 Tm, aunque lo habitual es que su MMA sea de 40 Tm.

- **Transporte local o de reparto**

  Se caracteriza por realizarse multitud de entregas en cantidades pequeñas. Dada la naturaleza de estos envíos se deben emplear medios que tengan una buena accesibilidad a cualquier punto, sobre todo en las zonas urbanas. Estos medios son los que constituyen la flota ligera, y son en su mayoría las denominadas furgonetas.

  Dichos vehículos también se emplean para transportes urgentes de poco volumen.

Para que la gestión de la flota de vehículos sea gestionada eficientemente tenemos que tener en cuenta los siguientes puntos:

1. **El tipo de vehículo para cada ruta debe ser el adecuado**. Cuando se reparte la demanda entre los distintos vehículos de la empresa se debe tener en cuenta el peso y volumen que podemos transportar en cada tipo de vehículo, además de los problemas de acceso que se pueden plantear con los vehículos pesados.

2. **El vehículo debe ser empleado la mayor parte del tiempo al nivel máximo de su carga.** Los vehículos tienen una serie de costes fijos, que se producirán tanto si el vehículo se mueve como si no. Los costes variables tampoco variarán demasiado si el vehículo circula a plena carga o en vacío. Se deberá cuidar en especial que los kilómetros *en vacío* sean los mínimos posibles.

   Hay que tener en cuenta que la carga máxima de un vehículo es igual a su masa máxima autorizada (MMA) menos su peso en vacío (tara).

$$\text{Carga máxima} = \text{MMM-Tara}$$

Actividad propuesta 1.5.

J & L es una empresa de moda que tiene su planta de producción y almacén central en un polígono industrial de Guadalajara. Su sistema de distribución es el siguiente:

1. De lunes a sábado, se reparten una media de 20 Tm diarias de productos desde el almacén central a las tiendas de la zona centro. Para ello se emplean cuatro vehículos rígidos de 18 Tm de MMA y una tara de 9 Tm.

2. A parte del almacén central, se dispone de un almacén regional en Barcelona. Para cubrir las necesidades de este almacén, de lunes a sábado hay una ruta que transporta una media de 20 Tm diarias desde la planta de Guadalajara a este almacén. Para ello se emplea un vehículo articulado de 40 Tm de MMA y una tara de 15 Tm.

3. Para el reparto de la zona nordeste se emplean tres vehículos rígidos con las mismas características que los del apartado 1. Estos vehículos hacen el reparto diario (de lunes a sábado) entre las tiendas de esta zona desde el almacén de Barcelona.

Se pide:

1. Determina la carga máxima diaria de la flota de reparto de la zona centro y noroeste, así como de la flota pesada.

2. Calcula el porcentaje de esta carga que se está utilizando.

Las rutas de reparto

Planificar la forma en que se va a realizar la distribución es una tarea compleja. Por ello son ya muchas las empresas que suelen acudir a programas informáticos de optimización de rutas.

En cualquier caso, existen una serie de principios que es recomendable seguir a la hora de planificar rutas de reparto:

1. Agrupar las paradas más cercanas, para reducir el tiempo del viaje.

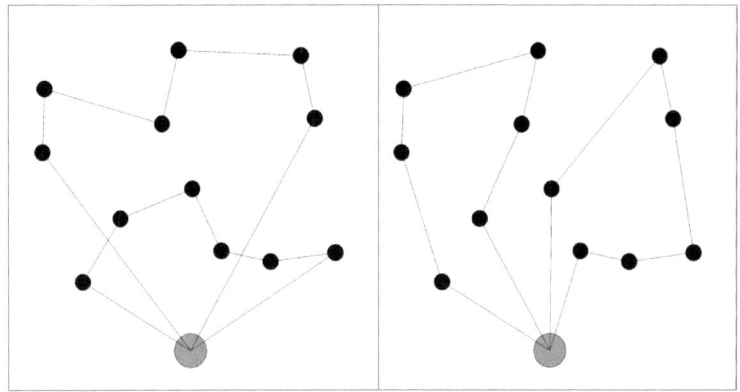

Figura 1.8. Planificación de rutas. La ruta de la izquierda es más eficiente porque se han agrupado las paradas más cercanas.

2. Evitar que las rutas se crucen para reducir el número de vehículos necesarios, así como el tiempo de transporte.

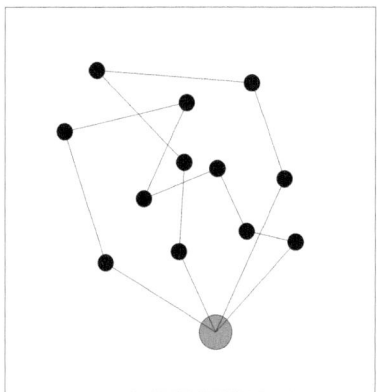

Figura 1.9. Rutas cruzadas.

3. Intentar emplear los vehículos con mayor capacidad posible. De forma ideal, un solo vehículo realizará todo el reparto.

1.6. La externalización de la función logística. Ventajas e inconvenientes

La integración vertical y la subcontratación son dos decisiones estratégicas que tomar en la gestión de la cadena de suministro. Los dos términos hacen referencia a decidir qué funciones de la cadena realizará la empresa, y cuáles cederá a terceros.

1.6.1. La integración vertical

Por integración vertical se entiende la producción de bienes y servicios que antes se compraban en el exterior. Existen dos tipos de integración vertical:

- **Integración hacia atrás**: cuando una empresa comienza a fabricar alguno de los componentes que antes adquiría de sus proveedores. Normalmente se suele realizar a través de la adquisición de la empresa suministradora. Por ejemplo, si una empresa dedicada al montaje de muebles adquiere un taller dedicado al corte de tableros de madera, está realizando una integración hacia atrás.

- **Integración hacia delante**: cuando un proveedor de componentes fabrica el producto final. En el caso anterior, si es el taller de corte de tableros el que se introduce en el negocio del montaje de muebles estaríamos hablando de integración hacia delante.

Figura 1.10. Ejemplo de integración vertical.

Las ventajas de la integración son la reducción de costes de adquisición de los componentes, un mayor control de la calidad y las entregas. En ocasiones, las razones de la integración es evitar la dependencia de un proveedor, cuando no hay muchos donde elegir. Con la integración vertical también se busca conseguir sinergias, término que hace referencia a las mejoras que se consiguen cuando la combinación de dos o más factores produce un efecto conjunto superior a la suma de sus efectos aisladamente considerados. Por ejemplo, un fabricante de automóviles puede decidir fabricar el mismo el equipo de sonido que integra en sus vehículos. De esta manera, podrá emplear más intensivamente los equipos que emplea para la producción de componentes electrónicos, emplear su personal propio y conocimientos, y podrá hacerlo en sus propias plantas, aprovechando mejor su capacidad productiva e instalaciones.

En cuanto a los inconvenientes, las organizaciones grandes pueden tener presentar problemas de excesiva burocracia y dificultades en su gestión. Además, se renuncia a la especialización de los proveedores, que son expertos en la fabricación de componentes y lo hacen a gran escala.

1.6.2. La externalización

La externalización, más conocida como subcontratación u *outsourcing*, es lo contrario a la integración, pues consiste en contratar con un tercero la realización de actividades que antes realizaba la empresa, por no considerarlas estratégicas para el negocio. Por ejemplo, un fabricante de *smartphones* puede dejar de producir los sistemas operativos de sus productos y subcontratarlo con una empresa de *software*, que es especialista en este tipo de programas y poder ofrecer al usuario del producto compatibilidad con otros equipos.

Actividad propuesta 1.6.
Explica las posibilidades de integración hacia delante, hacia atrás y de subcontratación que tiene la empresa vista en la actividad 1.3. Determina las ventajas e inconvenientes de cada una de ellas.

Una de las funciones de la empresa más susceptibles de subcontratar es precisamente la logística.

Dentro del campo de la logística, las empresas que se hacen cargo de esta función son las denominadas *operadores logísticos*. Los operadores logísticos son empresas cuya función principal es ofrecer servicios de transporte y almacenaje (entre otras actividades, las denominadas *de valor añadido*) a otras empresas.

La decisión de subcontratar un operador logístico tiene una serie de ventajas e inconvenientes. Entre las ventajas se encuentran las siguientes:

1. **El operador logístico** es especialista en el servicio que está ofreciendo, puesto que es su actividad principal. Por ejemplo, una fábrica de embutidos es especialista en fabricar y conservar este tipo de productos, pero no en la distribución y almacenaje de los mismos. Por este motivo, cada vez son más las empresas que se centran en sus funciones estratégicas y subcontratan el resto.

2. **Conocimiento del sector**: el operador no solo conoce mejor la actividad logística, sino que, al trabajar con empresas de varios sectores distintos, conoce la problemática específica de cada uno de ellos.

3. **Economías de alcance**: el operador logístico maneja gran cantidad de mercancías, puesto que trabajan con varios clientes. Esto supone que puede aprovechar sus recursos más eficientemente.

4. **Transformar costes fijos en costes variables**: si una empresa opta por almacenar y distribuir sus mercancías mediante sus propios medios, incurrirá en una serie de costes fijos, que tendrá tanto si el volumen de mercancías es alto como si es bajo. Subcontratando estas actividades se están transformando estos costes fijos en costes variables que dependerán del número de unidades que se distribuyan o almacenen.

Aparte de estas ventajas, existen varios motivos que frenan a las empresas a la hora de decidir externalizar la logística. Los más importantes son los siguientes:

1. **Desconfianza**: muchas empresas tienen muchas reticencias a la hora de ceder a otra sus *stocks*, pues ello puede incidir en su nivel y calidad de servicio. Además, también se puede perder información sobre el nivel de incidencias del servicio, plazos de entrega, etcétera.

2. **Conflictividad laboral**: la subcontratación implica en algunas ocasiones que las personas que antes realizaban las funciones cedidas se queden sin trabajo, o vean alteradas sus condiciones laborales. Para evitarlo, en los contratos se puede negociar que el personal despedido debe ser absorbido por el operador logístico.

   En el caso del transporte, en muchas subcontrataciones las empresas convierten a sus conductores en trabajadores autónomos propietarios de su vehículo que trabajan en exclusiva para la empresa.

3. **Cambios en las forma de trabajar de las empresas**: subcontratar la logística supone cambiar los procesos en la empresa, teniéndose que adaptar mutuamente el operador y el cliente.

Por último, se suele establecer una clasificación en función del grado de sub-contratación al que las empresas llegan con los operadores logísticos. Este grado va desde la externalización del transporte y el almacenaje, hasta la asesoría y el diseño de la totalidad de la cadena de suministro. Este último caso sería el conocido como 5 PL (*Party Logistics*). Los distintos grados y servicios se pueden observar en la siguiente imagen.

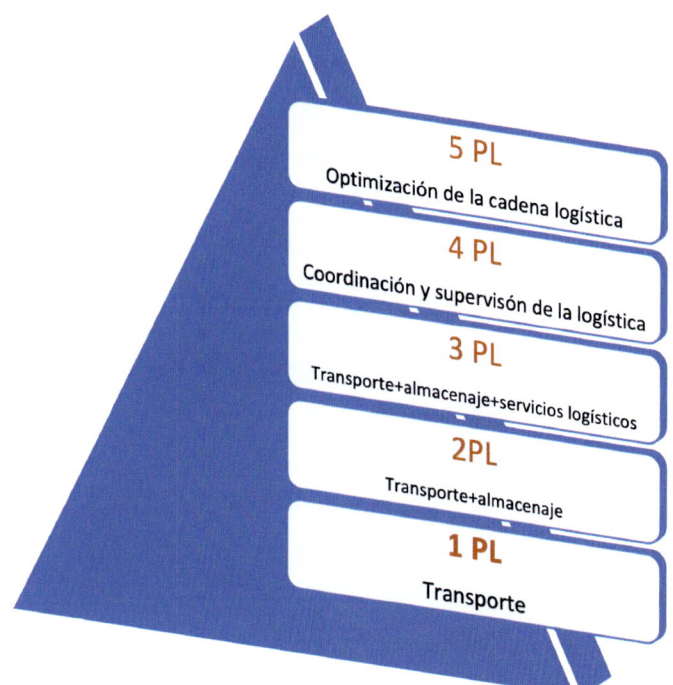

RESUMEN

- La logística es la parte de la gestión de la cadena de suministro encargada de satisfacer las necesidades del cliente, proporcionándole los productos en el momento, lugar y cantidad en que los demande el cliente, todo ello al mínimo coste.

- La función logística comprende el aprovisionamiento, la fabricación y la distribución. En todo este proceso se producen flujos de materiales (transporte y almacenaje) y flujos de información.

- La cadena de suministro es el conjunto de empresas vinculadas entre sí, y que participan en la producción, almacenamiento, distribución y comercialización de un producto y sus componentes.

- La gestión de la cadena de suministro va más allá de la logística, pues abarca todas las fases del suministro, fabricación y distribución del producto, desde su mismo origen hasta el consumidor final, incluyendo procesos tales como la gestión de las relaciones con proveedores y clientes.

- La gestión de la cadena de suministros incluye la función de aprovisionamientos (compras y gestión de *stocks*), la fabricación y la distribución.

- La gestión del transporte y la distribución incluye tomar decisiones sobre gestión de flotas de vehículos y planificación de rutas.

- Por integración vertical se entiende la producción de bienes y servicios que antes se compraban en el exterior.

- La subcontratación u *outsourcing* es lo contrario a la integración, es decir, contratar con un tercero la realización de actividades que antes realizaba la empresa, por no considerarlas estratégicas para el negocio.

- Los operadores logísticos son empresas dedicadas que ofrecen servicios de transporte y almacenaje (entre otras actividades, las denominadas *de valor añadido*) a otras empresas.

- Las razones principales de la subcontratación son reducir costes, mejorar la eficiencia de la logística gracias a la especialización de los operadores, así lograr flexibilidad y convertir costes fijos en variables.

TEST

1.1. ¿Cuál de los siguientes no es un objetivo de la función logística?

    a. Entregar los bienes en el lugar demandado por el cliente.

    b. Evitar roturas de *stock*.

    c. Reducir los costes de almacenaje.

    d. Todos los anteriores son objetivos de la función logística.

1.2. Las actividades logísticas no incluyen funciones de:

    a. Producción.

    b. Marketing.

    c. Aprovisionamiento.

    d. Distribución.

1.3. En las empresas comerciales la logística incluye los procesos de:

    a. Aprovisionamiento de materiales.

    b. Distribución de mercaderías.

    c. Producción.

    d. Todas las anteriores.

1.4. Un proveedor de primer nivel es el que suministra a:

    a. El fabricante de un producto.

    b. Un distribuidor.

    c. Un proveedor de segundo nivel.

    d. El cliente final.

1.5. Un mayorista es:

    a. El que vende productos a un fabricante.

    b. El que suministra al cliente final.

    c. El que proporciona materiales a un proveedor.

    d. El que suministra de mercaderías a un minorista.

1.6. La gestión de aprovisionamientos incluye las funciones de:

a. Compras.

b. Producción.

c. Distribución.

d. Ninguna de las anteriores.

1.7. Selecciona la respuesta incorrecta.

a. La flota pesada utiliza vehículos rígidos y articulados de 18 a 40 Tm de MMA.

b. El transporte de reparto se caracteriza por el transporte de cargas completas punto a punto.

c. Para el transporte de reparto se emplean vehículos con buena accesibilidad a las ciudades.

d. Ninguna de las anteriores.

1.8. Un vehículo con una masa máxima autorizada de 40 Tm y una tara de 10 000 kilogramos:

a. Puede cargar un máximo de 40 000 kg.

b. Se emplea para el transporte de reparto.

c. Puede pesar como máximo 40 Tm cuando no está cargado.

d. Ninguna de las anteriores.

1.9. Si un fabricante de coches comienza a fabricar las ruedas que antes compraba a un proveedor externo, esto se conoce como:

a. Integración hacia adelante.

b. Integración hacia atrás.

c. Externalización.

d. Subcontratación.

1.10. La subcontratación del transporte y el almacenaje se conoce como:

a. 2PL

b. 3PL.

c. 4PL.

d. 5PL.

ACTIVIDADES

1.1. Determina los elementos de la cadena de suministro de una chaqueta de lana, desde la obtención de su materia prima hasta que la compra el consumidor.

1.2. Fast Wheel es un fabricante de neumáticos para automóvil. Para la fabricación de sus productos emplea principalmente los siguientes materiales:

Caucho: esta materia prima se compra a Rubber International S.A., empresa dedicada a la explotación y comercialización de plantaciones del árbol de caucho.

Acero: fabricado a partir de carbón y hierro, se adquiere el material en bruto a Acermetal S. A. Fast Wheel se encarga de fabricar el alambre para sus neumáticos.

En cuanto a la distribución, la empresa vende sus productos a un fabricante de automóviles multinacional, con el que tiene un acuerdo para montar sus neumáticos en varios de sus modelos. También vende sus productos a DISAUTO S. A. y RECAMBIAUTO S. L. La primera compañía distribuye ruedas y otros repuestos a hipermercados y tiendas especializadas en el automóvil. La segunda, se encarga de la distribución de recambios a diversos talleres de reparación de vehículos.

1. Realiza un esquema de la cadena de suministro de Fast Wheel, desde las materias primas más básicas hasta que los neumáticos llegan al consumidor final.

2. Describe las oportunidades de integración hacia delante y hacia atrás de la cadena de suministro de la empresa, explicando sus ventajas e inconvenientes.

3. ¿Crees que podría externalizarse alguna de las operaciones que realiza Fast Wheel? En caso afirmativo, ¿se podría obtener alguna ventaja de esta externalización?

1.3. Una empresa dedicada a la fabricación de cables eléctricos emplea para hacer su producto solo dos materias primas, plástico y cobre. Los pedidos de ambas se realizan de forma quincenal. Para la próxima quincena la demanda prevista es de 250 000 metros de cables. Cada metro de cable necesita 50 gramos de cobre y 20 gramos de plástico.

Para cubrirse de posibles eventualidades, la empresa suele contar con un *stock* de seguridad compuesto por 1000 kg de cobre, 500 kg de plástico y 3000 metros de cable.

El *stock* actual de cada material es de 1500 kg de cobre, 1500 kg de plástico y 4500 metros de cable.

1. Explica el proceso logístico de esta empresa, con los flujos de información y de materiales que se producen.

2. Calcula el pedido de materias primas que tendremos que realizar esta quincena.

1.4. Conserveras Gallegas S.A. es una compañía dedicada a la producción y venta de todo tipo de conservas de mariscos y pescados en buena parte del territorio nacional, teniendo su planta de producción y almacén en Pontevedra. La distribución la realiza mediante sus propios vehículos los días laborables, de la siguiente forma.

1. Reparto entre tiendas y supermercados de la zona. Diariamente se reparten 20 Tm de productos empleando 8 vehículos ligeros de 3500 kg de MMA y una tara de 1500 kg, y un vehículo rígido de dos ejes con una MMA de 18 Tm y una tara de 5500 kg.

2. Envíos periódicos de 50 Tm de media al día a distintos distribuidores del territorio nacional mediante 4 vehículos articulados de 40 Tm de MMA y 13 Tm de tara.

Se pide:

1. Determina la carga máxima diaria de la flota de reparto y de la flota de larga distancia.

2. Calcula el porcentaje de esta carga que se está utilizando en cada tipo de flota y de los medios de transporte en general.

3. Explica las alternativas que podría tener Conserveras Gallegas para realizar el reparto sin necesidad de contar con una flota propia.

2. Previsión de demanda

Introducción

La demanda es la cantidad de un bien o servicio que los consumidores están dispuestos a adquirir por unidad de tiempo. La demanda de los bienes que comercializa la empresa depende de muchos factores, tales como el precio del producto, el precio de sus sustitutos, el nivel de renta de los consumidores y otra serie de variables que son más difíciles de prever.

En cualquier caso, para saber qué cantidad de bienes o servicios es necesario producir, es fundamental contar con una buena previsión de demanda. De la calidad de esta previsión dependerá en gran medida los costes de la empresa, tal y como veremos en esta unidad.

Objetivos

— Diferenciar los distintos tipos de demanda, dependiente e independiente.

— Realizar previsiones de demanda y relacionarlas con el plan de ventas.

— Determinar las distintas estrategias que puede seguir una empresa para adecuarse ajustar su producción a la demanda.

— Describir las distintas variables a considerar para determinar la demanda esperada de un producto.

— Realizar planes de producción y presupuestos a partir de una previsión de demanda.

Contenido

2.1. Definición de demanda según los tipos de empresa y procesos de producción

La demanda de un bien o servicio se define como la cantidad de ese producto que los consumidores están dispuestos a adquirir en un período determinado. De esta manera, podemos hablar de la demanda mensual de papel en un determinado país, de la demanda anual de bicicletas de la Comunidad de Madrid, o de la demanda trimestral de un determinado modelo de chaqueta en una fábrica textil.

La demanda dependerá de muchas variables, entre las que se encuentran:

- **El precio del producto**: si el precio del producto sube, su demanda disminuirá.

- **El precio de los productos competidores y sustitutivos:** si el precio de los productos que cumplen una misma función sube, parte de la demanda de estos productos se desviará hacia el producto estudiado.

- **Renta de los consumidores:** si la renta de los consumidores aumenta, la demanda del artículo aumentará, salvo en el caso de los denominados bienes inferiores.

- **Otros:** hay otras muchas razones que hacen aumentar o disminuir la demanda de un artículo, tales como los cambios en los gustos de los consumidores o las acciones de *marketing* de la empresa.

En cualquier caso, la forma en que se comporta la demanda depende mucho del tipo de producto que se trate. El gasoil, por ejemplo, es un producto con un precio muy variable, y su demanda depende mucho de la venta de vehículos diesel, del tipo de calefacción que se emplea en los hogares, de la climatología, y de otros muchos factores relacionados con el mercado y la actividad productiva de un país.

Actividad propuesta 2.1.

Explica las variables que crees que afectarán en la demanda de los siguientes bienes y servicios.

1. Gas Natural.
2. Ladrillos.
3. Petróleo.
4. Un determinado modelo de automóvil.
5. Aviones.
6. Viajes turísticos.
7. Unas zapatillas deportivas sin marca conocida.
8. Azúcar.
9. Cables de fibra óptica.
10. Naranjas.

En cualquier caso, las características de la demanda de un determinado producto definen el tipo de proceso productivo más adecuado para su fabricación. Entre las características más importantes se pueden establecer las siguientes.

- **Tamaño y frecuencia de los pedidos**

  El tamaño y frecuencia de los pedidos que hacen los clientes es una variable fundamental. Si los clientes hacen pedidos pequeños y escalonados, es más fácil reaccionar ante cambios de demanda inesperados. Este sería el caso del comercio minorista. Si, por el contrario, los clientes hacen pocos pedidos de gran volumen es más fácil que las empresas se queden sin existencias para atender su demanda. Muchas empresas que trabajan con grandes pedidos deben tener sistemas de producción flexibles que permiten responder rápidamente a los requerimientos de sus clientes.

- **Posibilidad de atender los pedidos no satisfechos**

  En los productos de uso común, tales como el pan, la leche, etc., los clientes esperan encontrarlos siempre disponibles cuando los van a adquirir. Cuando se trata de productos bajo pedido (entre los que encontramos desde un traje a medida a un buque petrolero) los clientes esperaran a que la empresa lo fabrique según sus especificaciones.

  El tiempo que el consumidor es capaz de esperar para obtener su producto determina el tipo de proceso de producción que se debe emplear para cada producto. En los primeros, los procesos están orientados a la reducción de costes gracias a la producción en masa. En el segundo caso, se emplean sistemas de producción por proyecto, mucho más capaces de responder a los requerimientos del cliente.

- **Posibilidad de prever la demanda**

  Si la demanda de un producto es uniforme y predecible, se pueden emplear procesos de producción menos flexibles (buscando sobre todo el ahorro de costes) que cuando la demanda es más impredecible.

2.2. Tipos de demanda y necesidades de producción

Conocer la demanda es fundamental para poder adaptar la producción a los requerimientos del cliente. Para esta tarea, lo primero es preguntarnos de dónde proviene nuestra demanda. Podemos distinguir dos casos:

- **Demanda dependiente**

    Es el caso de los bienes o servicios cuya demanda proviene de otros bienes y servicios. Una empresa que va a producir 1000 bicicletas sabe que necesitará 2000 ruedas, 1000 sillines, 2000 pedales, etc. La demanda independiente no necesita una predicción, basta con saber la cantidad de bicicletas que vamos a producir para conocer los materiales que se van a emplear. Las técnicas como el M.R.P. sirven para precisar los aprovisionamientos la demanda dependiente derivada de los planes de producción.

- **Demanda independiente**

    Es aquella que no depende de la demanda de otros productos. En el caso anterior, la demanda de bicicletas sería demanda independiente, pues que los clientes quieran comprar más o menos bicicletas estará en función de los gustos del consumidor, de las estrategias de *marketing* de la compañía, etc., pero no depende de la producción de otros bienes o servicios.

    La demanda dependiente simplemente se cubre, la independiente hay que predecirla y decidir qué papel adoptar ante ella. Básicamente se pueden seguir dos estrategias:

    — **Adaptarse a la demanda.** En este caso la empresa toma la demanda como algo dado, y adapta su producción a la misma.

    — **Influir en la demanda.** En lugar de adaptarse, la empresa toma un papel activo para que la demanda varíe según sus necesidades.

Actividad propuesta 2.2.

Una empresa dedicada a la fabricación e instalación de sistemas de aire acondicionado tiene su demanda concentrada sobre todo en los períodos de finales de mayo a principios de agosto. Hasta ahora ha tomado una estrategia pasiva respecto a la demanda, adaptando su actividad a los meses de más venta.

Se pide: responde a las siguientes cuestiones:

1. ¿Qué inconvenientes crees que conlleva la estrategia seguida hasta ahora?
2. ¿Qué acciones puede llevar a cabo para influir en la demanda y conseguir más uniformidad a lo largo del año?

2.3. La previsión de la demanda y los planes de venta

Existen muchos métodos de previsión de demanda, en función del tipo de información que se emplea (cuantitativa o cualitativa), según los datos de los que se utilizan para la predicción, según el horizonte temporal, etc. A continuación, se exponen alguno de los métodos más empleados.

2.3.1. Modelos de previsión de demanda. Variables a considerar

Técnicas cualitativas

Estas técnicas no se basan en el análisis de datos, sino que se realizan predicciones en función de opiniones de consumidores, directivos o expertos. Son útiles cuando no se cuenta con datos históricos, por ejemplo, cuando se va a lanzar un producto nuevo al mercado.

Dentro de estas técnicas nos encontramos las encuestas de intención de compra, las estimaciones que realizan la fuerza de ventas de una empresa y otros métodos más sofisticados como el método de Delfos.

En las técnicas cualitativas la información se obtiene de forma casi inmediata, pero su mayor desventaja es la subjetividad, pues la predicción depende mucho de las personas a las que se les pide opinión.

Actividad propuesta 2.3.

El método Delfos

Los modelos cuantitativos utilizan métodos matemáticos y estadísticos, pero ¿qué pasa cuando no tenemos datos de un producto?, ¿cómo hacemos predicciones cuando vamos a lanzar un producto nuevo al mercado? En estos casos se acude a los métodos cualitativos, tal y cómo se he visto en este apartado.

Los métodos cualitativos no se basan en datos, sino que recurren a opiniones subjetivas de consumidores, ejecutivos de la empresa, vendedores y expertos. Además de encuestas y grupos de trabajo, estos tipos de métodos también utilizan datos de productos sustitutivos y complementarios para hacer las predicciones.

El método Delfos (o Delphi) debe su nombre al oráculo de Delfos. Este método se basa en cuestionarios que se elaboran para ser contestados por un grupo de expertos. Estos cuestionarios deben ser fáciles de contestar y, una vez contestados, sus conclusiones se facilitan de nuevo a los expertos para lanzar un segundo cuestionario, y así sucesivamente hasta llegar a un consenso.

Se pide:

Piensa en un producto novedoso y elabora un cuestionario para sondear la opinión de expertos y consumidores sobre su aceptación en el mercado. Tienes un ejemplo en el siguiente enlace:

https://www.youtube.com/watch?v=_AkYyDOk6-E

Técnicas cuantitativas

A diferencia de los modelos anteriores, las técnicas cuantitativas realizan las previsiones en función de datos que se han recopilado previamente. Dentro de estos modelos podemos distinguir dos tipos de modelo:

- **Modelos causales**. Basan la predicción en la relación que existe entre la demanda y otras variables, tales como el gasto en publicidad, la renta de los consumidores, etcétera.

- **Modelos de series temporales**. En este caso se utiliza la información pasada para poder predecir la demanda futura. A continuación, veremos algunos de los más utilizados.

2.3.2. Modelos de previsión de demanda a corto plazo basados en series temporales

Medias móviles

Se trata de un método que intenta predecir la demanda a corto plazo. Según este método, la demanda esperada para el período Ft+1 es igual a la media de los períodos inmediatamente anteriores. Normalmente se suelen coger tres períodos, estableciendo así una media móvil de orden tres con la siguiente fórmula:

$$F_{t+1} = \frac{X_t + X_{t-1} + X_{t-2}}{3}$$

Donde:
Ft+1 = Previsión período siguiente.
Xt = Demanda real en el período t.

Actividad resuelta 2.1

Un artículo determinado tiene la siguiente demanda (en unidades):

Mes	Demanda
Ene	500
Feb	400
Mar	550
Abr	200
May	250
Jun	300
Jul	350
Ago	400

Queremos hacer una previsión para la demanda del mes de septiembre según el método de las medias móviles.

Solución:

Según este método de previsión, el mes de septiembre tendremos una demanda esperada igual a la media de los tres meses anteriores:

$$\text{Demanda prevista en septiembre} = \frac{400+350+300}{3} = 350 \text{ unidades}$$

En el método de las medias móviles también se pueden ponderar los datos, de tal manera que se de más importancia a los valores más recientes. Si denominamos Wi a los pesos que se dan a los distintos valores, la predicción para el período t+1 es:

$$F_{t+1} = \frac{X_t \cdot W_t + X_{t-1} \cdot W_{t-1} + X_{t-2} \cdot W_{t-2}}{W_t + W_{t-1} + W_{t-2}}$$

Actividad propuesta 2.3.

A partir de los datos de la actividad resuelta anterior, calcula la predicción de demanda para septiembre por el método de las medias móviles ponderadas de orden 3. Los pesos a aplicar son de 3,2 y 1 para t, t-1 y t-2 respectivamente.

Método del alisado simple exponencial

En este caso se emplea la siguiente fórmula:

$$F_{t+1} = F_t + \alpha\,(X_t - F_t)$$

Como se puede desprender de lo anterior, lo que hace el modelo es suponer que la previsión del período próximo es la previsión del período actual corregida por *lo que el modelo se equivocó* en el momento actual. El peso que se fije al error de la previsión (α) es algo que se debe establecer antes de hacer las previsiones. Normalmente estará entre 0,05 y 0,5.

Actividad resuelta 2.2

Con los datos del caso anterior hacer la previsión para el mes de septiembre según el método del alisado simple exponencial con un coeficiente a del 0,8.

Solución:

Mes	Demanda (Xt)	Previsión (Ft)	Error (Xt-Ft)
Ene	1000	950	50
Feb	1150	990	160
Mar	1100	1118	-18
Abr	950	1104	-154
May	900	981	-81
Jun	700	916	-216
Jul	850	743	107
Ago	950	829	121
Sep	---------	926	---------

La demanda se ha calculado de la siguiente forma:

La previsión para el primer mes (F1) no la podemos obtener al no tener la de diciembre del año anterior. Por ello, para empezar con el modelo se emplea la media aritmética de todos los datos.

A partir de aquí, los cálculos son los siguientes:

F2 (Feb) = 950+0,8(50) = 990 unidades

F3(Mar) = 990+0,8(160) = 1118 unidades

F9(Sep) = 829+0,8(121) = 926 unidades

2.3.3. Modelos de previsión de demanda a largo plazo. Regresión de series temporales

Los dos métodos anteriores son para predecir la demanda en el corto plazo. Cuando de lo que se trata es de hacer previsiones a largo plazo se emplean otros métodos como el modelo de regresión por series temporales. Este modelo se basa en la recta de regresión siguiente:

$F_t = a + b \cdot t$ Donde:

$$b = \frac{\sum_{t=1}^{n} t \cdot x_t - n \cdot \bar{t} \cdot \bar{x}}{\sum_{t=1}^{n} t^2 - n \cdot (\bar{t})^2} = \text{tendencia de la demanda.}$$

$$a = \bar{x} - b \cdot \bar{t}$$

Actividad resuelta 2.3

La demanda anual en miles de unidades de un producto determinado es la siguiente:

Año	t	Demanda (Xt)	t×Xt	t2
2018	1	10	10	1
2019	2	15	30	4
2020	3	17	51	9
2021	4	21	84	16
2022	5	22	110	25
total	15	85	285	55
Media	3	17		

Queremos hacer una previsión de demanda para los años 2017 y 2018 según el método de regresión de series temporales:

Solución:

El modelo quedaría como sigue:

$$b = \frac{285 - 5 \cdot 3 \cdot 17}{55 - 45} = 3$$

$$a = 17 - 3 \cdot 3 = 8$$

$$F_t = 8 + 3 \cdot t$$

Previsión para el año 2023 (F6) = 8+3x6 = 26 (miles de unidades).

Previsión para el año 2024 (F7) = 8+3x7 = 29 (miles de unidades).

2.3.4. Predicciones de demanda estacionales

Cuando la demanda presenta estacionalidad, es decir, varía mucho entre las distintas épocas del año, los modelos anteriores no proporcionan una información fiable. En este caso se pueden emplear los denominados índices de estacionalidad. El procedimiento para empleado es el siguiente:

1. Hacemos una previsión de demanda para todo el año. Dicha previsión puede efectuarse por los métodos vistos anteriormente.

2. Calcular índices estacionales. Estos índices ajustan la demanda para cada estación. Vamos a ver cómo se calculan en un ejemplo concreto.

Supongamos que la demanda histórica de un producto divida por estaciones es la siguiente:

Año	Trimestre				
	I	II	III	IV	Total
2020	500	400	100	600	1600
2021	600	500	200	650	1950
2022	750	600	300	600	2250
Media	617	500	200	617	1933

3. Los índices estacionales se calcularán dividiendo la demanda histórica media por trimestres entre la demanda histórica media total.

   Demanda histórica media = 1933/ 4 estaciones = 483 unidades.

   Índice estacionalidad del primer trimestre = 617 / 483 = 1,3.

   Índice estacionalidad del segundo trimestre = 500 / 483 = 1,0.

   Índice estacionalidad del tercer trimestre = 200 / 483 = 0,4.

   Índice estacionalidad del cuarto trimestre = 617 / 483 = 1,3.

   Cuando el índice es mayor que uno, la demanda en esta estación es superior a la media. En el ejemplo, los trimestres donde más se vende son el primero y el cuarto. El tercer trimestre es el de venta *más floja*, y el segundo está en la media.

4. Repartimos la previsión de demanda anual por estaciones:

   Si la previsión de demanda para el año 2023 es de 2100 unidades, calculamos la demanda prevista media:

   Demanda prevista media = 2100 / 4 estaciones = 525 unidades.

   Este resultado lo multiplicamos por el índice de estacionalidad para cada trimestre, y la previsión estaría completada:

   Previsión primer trimestre = 525 × 1,3 = 683 unidades.

   Previsión segundo trimestre = 525 × 1 = 525 unidades.

   Previsión tercer trimestre = 525 × 0,4 = 210 unidades.

   Previsión cuarto trimestre = 525 × 1,3 = 683 unidades.

Actividad propuesta 2.4.

Una empresa dedicada a la venta de productos deportivos tiene los siguientes datos de demanda de bañadores:

Año	Estación				
	Primavera	Verano	Otoño	Invierno	Total
2020	200	2500	300	100	3100
2021	250	2650	350	120	3370
2022	230	2550	320	80	3180
Media	227	2567	323	100	

Realiza una previsión de demanda para el año 2023 mediante el método de las medias móviles con pesos 50, 20 y 10 y calcula la demanda que debe esperar para cada estación.

2.3.5. El plan de ventas y operaciones

La previsión de demanda se plasma en el plan de ventas. En este plan se especifican las unidades que se prevén vender en cada período de tiempo, y suele tener un horizonte temporal de 6 a 18 meses.

El plan de ventas se suele expresar a nivel agregado de varios artículos y en él se tienen en cuenta los incentivos de ventas y otras actuaciones de *marketing* que se van a llevar a cabo.

Una vez determinadas las ventas que se van a realizar en cada período, lo siguiente es estudiar la forma en que se van a cubrir esas ventas, es decir, cómo ajustar la oferta y la demanda. La planificación de la producción de la empresa se realiza en el denominado plan de operaciones.

El proceso de planificación de producción sigue una jerarquía, desde los planes más generales y a más largo plazo, a los planes más detallados e inmediatos en los que concretamos los materiales necesarios para completar la producción.

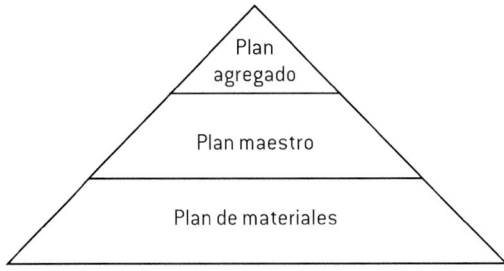

Figura 2.1. La planificación de la producción.

El plan agregado determina los productos a fabricar en el medio plazo (normalmente con un horizonte temporal de un año), los recursos necesarios y los costes derivados.

El plan agregado se hace a nivel de familias de productos, entendiendo por familias aquellos grupos de productos cuya demanda se comporta de manera similar, con proveedores comunes, fabricados en equipos similares y que comporten una alta proporción de componentes.

2.3.6. Estrategias de actuación posible

En el plan agregado hay que determinar la forma en que vamos a hacer frente a las variaciones que se producen en la demanda, ajustando la capacidad de producción a la previsión de ventas de cada período. Las opciones que tenemos para realizar este ajuste son las que se desarrollan en la siguiente tabla:

Opción	Ventajas	Inconvenientes
Acumular *stocks* y retrasos	Se consigue una producción estable	Se producen altos costes de almacenaje y rotura de *stocks*. Si el cliente no está dispuesto a esperar, la imagen de la empresa puede resultar muy dañada.
Contratar y despedir personal	Ahorro de costes del resto de alternativas	Costes de contratación y despidos. Personal poco formado.
Horas extra, tiempos ociosos y jornadas flexibles	Se evita contratar y despedir personal	Coste de las horas extras y de tener personal ocioso. Existen restricciones legales a las medidas de flexibilización de las jornadas y las horas extra.
Subcontratación	Permite una producción propia estable y poder atender pedidos en los picos de demanda	No siempre es posible. Se pierde el control del proceso de producción, pudiendo dar lugar a problemas en la calidad del producto.

Figura 2.2. Opciones para ajustar la producción a la demanda.

A la hora de diseñar la planificación agregada pueden seguirse varias estrategias, en función de los objetivos perseguidos por la empresa:

- **Estrategia de caza**: su objetivo es producir en cada período la cantidad demandada. Es la más aconsejable cuando la empresa no quiere acumular inventarios y retrasos en los pedidos.

- **Estrategia de nivelación**. Su objetivo es mantener una producción estable. Esta estrategia supone acumular *stocks* en los períodos de poca demanda y retrasos cuando la demanda es elevada.

- **Estrategias mixtas**: en este caso se combinan las distintas variables. En este tipo de estrategias lo que se busca es la optimización de costes.

2.4. Previsión de la actividad y los costes

2.4.1. Cuadros de control y presupuesto. Elaboración

Como hemos visto en el epígrafe anterior, el control de la producción y el presupuesto de la misma se realizan mediante el plan agregado. Existen muchos modelos para elaborar este plan, casi tantos como empresas. Para su elaboración se emplean hojas de cálculo. Las hojas de cálculo permiten obtener los datos de forma automática variando los niveles de producción. A continuación vemos un ejemplo de cómo elaborar un plan agregado:

Actividad resuelta 2.4

Elaboración de un plan agregado de producción. Estrategia de caza

Grownland International es una empresa dedicada a la elaboración de distintos tipos de alimentos a partir de maíz, trigo y otros cereales, teniendo entre sus clientes a empresas del sector de la hostelería y la restauración a los que sirve en grandes formatos. Para el año 2023 ha realizado la siguiente previsión de demanda para la familia de cereales de desayuno (en bolsas de 15 kg):

Ene	Feb	Mar	Abr	May	Jun	Jul	Ago	Sep	Oct	Nov	Dic
2320	2190	2010	1850	1750	1620	1530	1432	1870	1910	2120	2140

Los datos de la planta de Cádiz, donde se elabora esta familia de productos son los siguientes:

Jornada de trabajo regular: 7 horas diarias. Cada mes se trabajan 25 días y la dirección no contempla la posibilidad de hacer horas extra.

Plantilla de trabajadores: la plantilla actual de la empresa está formada por 25 operarios. El coste por hora de trabajo se estima en 12 € la hora.

Contrataciones y despidos: los costes de contratar un operario (formación, etc.) son de 450 €, y los de despido de 950 €.

Datos producción: la planta tiene capacidad para 28 operarios como máximo. Cada caja de cereales necesita dos horas y media de producción. Esto supone que no se pueden producir más de 1960 bolsas al mes.

Capacidad máxima = (28 operarios × 7 horas × 25 jornadas) / 2,5 horas = 1960 bolsas

Subcontratación: en caso de que la planta no tenga capacidad, se puede subcontratar la producción con una empresa asociada, con un coste de 40 € por cada caja.

Almacenaje y retraso: cada caja almacenada tiene un coste de 2 € mensual, y el coste por ruptura de *stock* se estima en 3 €.

Stock. El *stock* actual de cereales es de 100 bolsas.

Si Grownland sigue una estrategia de caza, el plan agregado de producción puede ser el siguiente:

	Ene	Feb	Mar	Abr	May	Jun
Demanda	2320	2190	2010	1850	1750	1620
Producción regular	1960	1960	1960	1850	1750	1620
Producción subcontratada	360	230	50	0	0	0
Coste producción regular	58 800 €	58 800 €	58 800 €	55 500 €	52 500 €	48 600 €
Coste subcontratación	14 400 €	9200 €	2000 €	0 €	0 €	0 €
Número de trabajadores	28	28	28	27	25	24
Contrataciones	3	0	0	0	0	0
Despidos	0	0	0	1	2	1
Coste cont/despido	1350 €	0 €	0 €	950 €	1900 €	950 €
Inventario/retrasos	100	100	100	100	100	100
Coste almacenaje	200 €	200 €	200 €	200 €	200 €	200 €
Coste retrasos	0 €	0 €	0 €	0 €	0 €	0 €
Coste total	74 750 €	68 200 €	61 000 €	56 650 €	54 600 €	49 750 €

	Jul	Ago	Sep	Oct	Nov	Dic
Demanda	1530	1432	1870	1910	2120	2140
Producción regular	1530	1432	1870	1910	1960	1960
Producción subcontratada	0	0	0	0	160	180
Coste producción regular	45 900 €	42 960 €	56 100 €	57 300 €	58 800 €	58 800 €
Coste subcontratación	0 €	0 €	0 €	0 €	6400 €	7200 €
Número de trabajadores	22	21	27	28	28	28
Contrataciones	0	0	6	1	0	0
Despidos	2	1	0	0	0	0
Coste cont/despido	1900 €	950 €	2700 €	450 €	0 €	0 €
Inventario/ retrasos	100	100	100	100	100	100
Coste almacenaje	200 €	200 €	200 €	200 €	200 €	200 €
Coste retrasos	0 €	0 €	0 €	0 €	0 €	0 €
Coste total	48 000 €	44 110 €	59 000 €	57 950 €	65 400 €	66 200 €

En el plan agregado hemos calculado los siguientes datos:

Producción regular: al tratarse de una estrategia de caza, siempre se planea producir la misma cantidad que se prevé que se van a vender. La capacidad máxima de la planta es de 1960 unidades, por eso la producción regular (en la planta de la empresa) es el mínimo entre la demanda y la capacidad.

Producción subcontratada: los meses que no hay capacidad, la producción subcontratada es la diferencia entre la demanda y la producción regular.

Coste producción regular: para calcular el coste, pasamos la producción regular a horas y multiplicamos por el coste de producción por hora (12€)

Enero: 1960 unidades × 2,5 horas × 12 € = 58 800 €

Coste de subcontratación: bolsas que se subcontratan por el coste de cada bolsa (40 €).

Número de trabajadores: son los operarios necesarios cada mes para realizar la producción regular. Para ello pasamos la producción a horas y la dividimos entre las horas que realiza un operario al mes. Por ejemplo, en abril necesitamos producir 1850 unidades (producción regular), lo cual significa 1850 × 2,5 horas = 4625 horas de trabajo. Estas horas las dividimos por el número de horas que realiza un trabajador (7 horas × 25 jornadas = 175 horas). El resultado es 4625 horas / 175 horas = 26,4, es decir, necesitamos 27 operarios.

Contrataciones y despidos: diferencia entre el número de trabajadores necesarios en cada período. En enero como hay 25 (los iniciales) y se necesitan 28, contratamos 3, y así sucesivamente. Los costes de contratación y despido son las contrataciones y despidos de cada mes multiplicados por sus costes correspondientes.

Inventarios y retrasos: los inventarios y retrasos se obtienen de la siguiente forma:

Inventario actual = inventario mes anterior + producción (regular y subcontratada) - demanda.

Si el dato es negativo, se interpreta como una rotura de *stock*.

Sumando todos los costes de producción obtenemos el coste total de la estrategia de caza

	Total
Coste producción regular	652 860 €
Coste subcontratación	39 200 €
Coste cont/despido	11 150 €
Coste almacenaje	2400 €
Coste retrasos	0 €
Coste total	705 610 €

Actividad propuesta 2.6.

Elaboración de un plan agregado de producción. Estrategia de nivelación.

En la estrategia de nivelación se produce todos los meses la misma cantidad. Dado que la demanda anual es de 22 472 bolsas, produciremos 22. 472/12 = 1895 bolsas. Como la capacidad de la planta es de 1960 bolsas, no es necesario subcontratar.

	Ene	Feb	Mar	Abr	May	Jun
Demanda	2320	2190	2010	1850	1750	1620
Producción regular	1895	1895	1895	1895	1895	1895
Producción subcontratada	0	0	0	0	0	0
Coste producción regular						
Coste subcontratación						
Número de trabajadores						
Contrataciones						
Despidos						
Coste cont/despido						
Inventario/retrasos						
Coste almacenaje						
Coste retrasos						
Coste total						

	Jul	Ago	Sep	Oct	Nov	Dic
Demanda	1530	1432	1870	1910	2120	2140
Producción regular	1895	1895	1895	1895	1895	1895
Producción subcontratada	0	0	0	0	0	0
Coste producción regular						
Coste subcontratación						
Número de trabajadores						
Contrataciones						
Despidos						
Coste cont/despido						
Inventario/retrasos						
Coste almacenaje						
Coste retrasos						
Coste total						

Se pide:

1. Calcular los costes de esta estrategia.

2. ¿Qué estrategia tiene un coste menor? ¿A qué es debido?

2.4.2. Técnicas y hojas de cálculo. Fórmulas habituales

En la siguiente actividad vamos a emplear la hoja de cálculo para optimizar el plan de producción de la empresa Grownland. Para ello, emplearemos las siguientes fórmulas y funciones:

	A	B	C	D	E	F	G	H	I	J	K	L	M	N
1														
2		Ene	Feb	Mar	Abr	May	Jun	Jul	Ago	Sep	Oct	Nov	Dic	Total
3	Demanda	2.320	2.190	2.010	1.850	1.750	1.620	1.530	1.432	1.870	1.910	2.120	2.140	22.742
4	Producción regular													0
5	Producción subcontratada	0	0	0	0	0	0	0	0	0	0	0	0	0
6	Coste producción regular	0 €	0 €	0 €	0 €	0 €	0 €	0 €	0 €	0 €	0 €	0 €	0 €	0 €
7	Coste subcontratación	0 €	0 €	0 €	0 €	0 €	0 €	0 €	0 €	0 €	0 €	0 €	0 €	0 €
8	Número de trabajadores	0	0	0	0	0	0	0	0	0	0	0	0	0
9	Contrataciones	0	0	0	0	0	0	0	0	0	0	0	0	0
10	Despidos	25	0	0	0	0	0	0	0	0	0	0	0	25
11	Coste cont/despido	23.750 €	0 €	0 €	0 €	0 €	0 €	0 €	0 €	0 €	0 €	0 €	0 €	23.750 €
12	Inventario/retrasos	-2.220	-4.410	-6.420	-8.270	-10.020	-11.640	-13.170	-14.602	-16.472	-18.382	-20.502	-22.642	-148.750
13	Coste almacenaje	0 €	0 €	0 €	0 €	0 €	0 €	0 €	0 €	0 €	0 €	0 €	0 €	0 €
14	Coste retrasos	6.660 €	13.230 €	19.260 €	24.810 €	30.060 €	34.920 €	39.510 €	43.806 €	49.416 €	55.146 €	61.506 €	67.926 €	446.250 €
15	Coste total	30.410 €	13.230 €	19.260 €	24.810 €	30.060 €	34.920 €	39.510 €	43.806 €	49.416 €	55.146 €	61.506 €	67.926 €	470.000 €
16														
17	Horas/ caja	2,5												
18	Jornadas mes	25												
19	Jornada (horas)	7												
20	Plantilla actual	25			Capacidad max 1960									
21	Plantilla màxima	28												
22	Stock actual (cajas)	100												
23	Coste hora trabajo	12 €												
24	Coste contratación	450 €												
25	Coste despido	950 €												
26	Coste subcontratación (caja)	40 €												
27	Coste almacenaje (caja)	2,0 €												

- Fila 3: introducimos a mano los datos de la demanda.
- Columna N: función suma: = suma(b3;m3). Podemos arrastrar hacia abajo:

Celdas:

Celda	Fórmula	Celda	Fórmula
B6	=B4*B17*B23 y arrastramos hasta M6	B11	=B9*B24+B10*B25 y arrastramos hasta M11
B7	=B5*B26 y arrastramos hasta M7	B12	=B22+B4+B5-B3
B8	=REDONDEAR.MAS((B4*B17)/(B18*B19);0) y arrastramos hasta M8	C12	=B12+C4+C5-C3 y arrastramos hasta M12
B9	=MAX((B8-B20);0)	B13	=MAX(0;B12*B27) y arrastramos hasta M13
C9	=MAX((C8-B8);0) y arrastramos hasta M9	B14	==MAX(0;((B12*B28)*-1)), y arrastramos hasta M14
B10	=MAX((B20-B8);0)	B15	=B6+B7+B11+B13+B14, y arrastramos hasta N15
C10	=MAX((B8-C8);0) y arrastramos hasta M10	G20	=(B21*B18*B19)/B17

Esta hoja nos permite calcular el coste de producción introduciendo los datos de la producción regular. Para el ejercicio, y por simplicidad, vamos a suponer que no se puede subcontratar la producción, por lo que tenemos que buscar la producción regular que tenemos que hacer cada mes (rango B4;M4), para que el coste total (N15) sea el mínimo posible.

La herramienta de Excel que resuelve este tipo de problemas de optimización es Solver. Lo primero que tenemos que hacer es instalarlo, si es que no lo está. El procedimiento es el siguiente:

1. Hacemos clic en el menú archivo y, a continuación, en *Opciones.*

2. Hacemos clic en *Complementos* y, en el cuadro *Administrar,* seleccionamos *Complementos de Excel* e *Ir.*

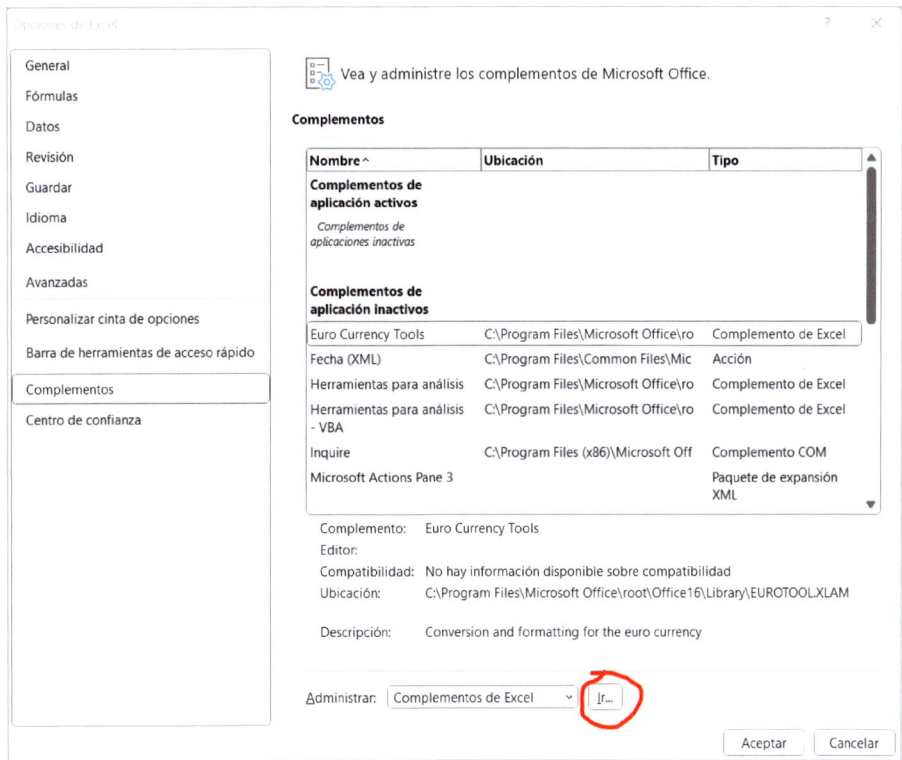

3. En el cuadro *Complementos disponibles,* activamos la casilla de verificación *Complemento Solver* y, a continuación, *Aceptar.*

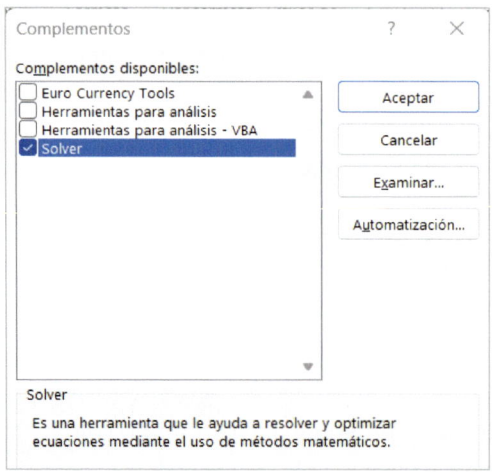

4. Una vez cargado el complemento Solver, el comando Solver estará disponible en el grupo *Análisis* de la ficha *Datos*.

Una vez instalado Solver, lo abrimos:

Introducimos los siguientes parámetros:

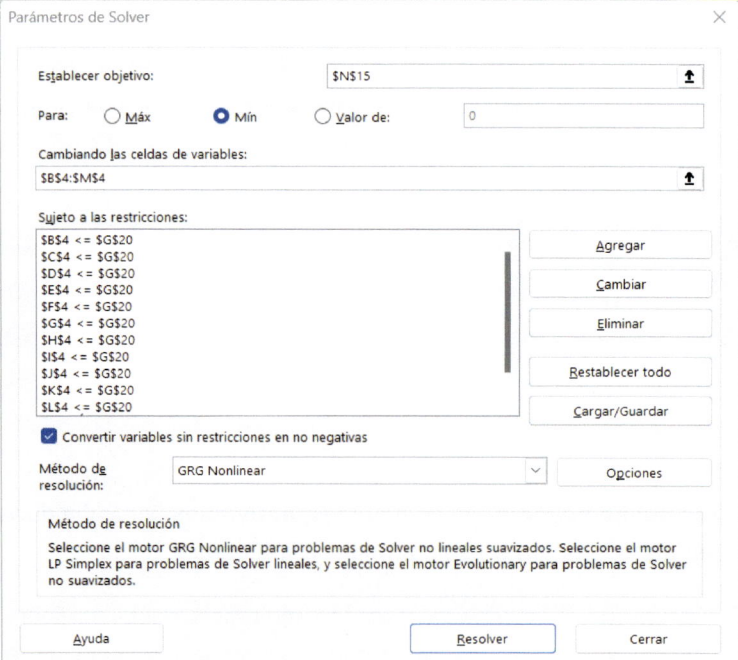

En el cuadro hemos introducido la función a minimizar (coste total), las celdas en las que se deben introducir los valores (producción regular) y los siguientes datos:

- Restricciones: la producción de cada mes debe ser menor a la capacidad total (G20) y la producción total (N4 debe ser igual a la demanda total N3).

- Método de resolución: existen varios métodos de optimización; en este caso elegiremos GRG Nonlinear.

Pulsamos en *Resolver:*

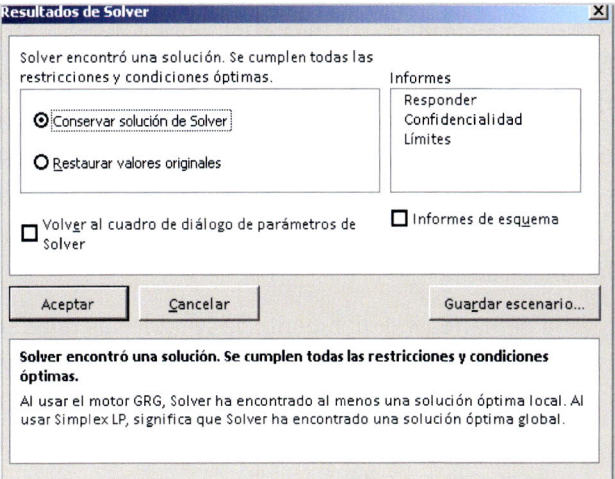

La solución que nos da Solver en este caso tiene un coste de 697 489 € unos 200 € menos que la estrategia de nivelación de la producción, que era la de mínimo coste.

RESUMEN

- La demanda de un determinado producto se define como la cantidad de ese o servicio que los consumidores están dispuestos a adquirir en un período determinado.

- Existen muchas variables que determinan la demanda de un producto, tales como el precio, la renta de los consumidores, o las políticas de *marketing*, entre otras.

- Las características de la demanda que tiene que satisfacer una empresa determina el proceso productivo más adecuado. Entre estas características encontramos el tamaño y frecuencia de los pedidos o la posibilidad de prever la demanda y de atender pedidos no satisfechos.

- La demanda dependiente es la que proviene de otros bienes y servicios. Para la demanda dependiente no hace falta realizar previsiones, solo planificar en función de lo que esperamos vender de los bienes o servicios de los que forman parte.

- En el caso de la demanda independiente, las empresas pueden intentar influir en esta demanda, o bien adaptarse a la situación del mercado.

- Existen muchos métodos para prever la demanda, los más utilizados son los basados en las series temporales.

- El plan de ventas y operaciones trata de adecuar la oferta de la empresa a la demanda prevista.

- Existen varias estrategias para lograr producir lo que los clientes demandan. La estrategia de caza busca producir la cantidad de artículos que se prevé vender en cada período. La estrategia de nivelación tiene como finalidad una producción estable acumulando *stocks* y retrasos.

TEST

2.1. ¿Cuál de las siguientes afirmaciones sobre la demanda es falsa?

    a. La demanda son las ventas de un determinado bien o producto en un período de tiempo.

    b. En los bienes inferiores cuando aumenta la renta de los consumidores disminuye su demanda.

    c. Es más fácil quedarnos sin existencias cuando tenemos pocos pedidos de gran tamaño.

    d. Cuando aumenta el precio de un producto complementario disminuye la demanda del que complementa.

2.2. ¿Cuál de los siguientes bienes crees que tiene una demanda dependiente?

    a. Un televisor.

    b. Un viaje organizado.

    c. Cemento.

    d. Todos los anteriores.

2.3. Para hacer predicciones de demanda a corto plazo podemos emplear:

    a. El método Delphi.

    b. La regresión de series temporales.

    c. La media móvil ponderada.

    d. Índices de estacionalidad.

2.4. En una estrategia de caza:

    a. Conseguimos una producción estable.

    b. Se producen muchos inventarios y retrasos.

    c. Hay mucha rotación del personal.

    d. Todas las anteriores.

2.5. Cuando hacemos un plan de nivelación:

    a. Se producen inventarios y retrasos.

    b. El número de empleados cambia mucho en función de la estación.

    c. Aumentan las horas extra del personal.

    d. Ninguna de las anteriores.

2.6. Si utilizamos un modelo de previsión de regresión de series temporales donde Ft=90+50t

    a. La demanda sube 50 unidades en cada período.

    b. En t=0 tenemos una demanda de 90 unidades.

    c. La demanda tiene una tendencia positiva.

    d. Todas las anteriores.

2.7. Si tenemos un índice de estacionalidad de 1,01 en un determinado período:

    a. En ese período tenemos una demanda alta en comparación al promedio.

    b. Podemos decir que la demanda anual no presenta estacionalidad.

    c. En ese período tenemos una demanda similar a media.

    d. Ninguna de las anteriores.

2.8. En un producto de demanda independiente:

    a. Su demanda solo depende del precio del producto.

    b. Venderemos más si aumenta la demanda del producto principal.

    c. Su demanda aumenta cuando aumenta el precio del complementario.

    d. Ninguna de las anteriores.

2.9. Cuando tenemos un producto nuevo del que no hay datos históricos de demanda empleamos el método:

    a. Delphi.

    b. Media móvil.

    c. Índices de estacionalidad.

    d. Regresión de series temporales.

2.10. El método del alisado exponencial:

    a. Utiliza un coeficiente alfa que es la tendencia de la demanda.

    b. Se utiliza para hacer previsiones a largo plazo.

    c. Utiliza ponderaciones para los datos pasados a la hora de hacer la previsión.

    d. Ninguna de las anteriores.

ACTIVIDADES

2.1. Los datos históricos de demanda de un artículo, cuyos pedidos se hacen cada dos meses son los siguientes:

Período	2020	2021	2022	2023
ene-feb	320	300	280	250
mar-abr	150	160	140	130
may-jun	410	380	350	310
jul-ago	510	500	480	450
sep-oct	400	400	410	380
nov-dic	110	100	90	70
Total	1900	1840	1750	1590

1. Realiza una previsión de demanda para el año 2024, según el método de regresión de series temporales.

2. Haz una previsión de demanda para todos los períodos de 2024.

2.2. Explica y razona qué estrategias (caza o nivelación de la producción) consideras más adecuadas para los siguientes tipos de productos y situaciones.

- Artículos con coste de almacenaje muy elevado.
- Productos en los que el cliente no admite retrasos en la entrega.
- Productos muy complejos que requieren mucha especialización de la mano de obra.
- Empresas donde el coste de contratación y despidos es muy elevado.

2.3. Speedball S. A. es una empresa dedicada a la fabricación de todo tipo de pelotas utilizadas en distintos deportes. Sus clientes son cadenas de distribución que comercializan sus productos con su marca blanca. La previsión de demanda de la línea de balones de fútbol para 2023 es la siguiente:

Ene	Feb	Mar	Abr	May	Jun	Jul	Ago	Sep	Oct	Nov	Dic
4550	3450	3850	4050	4650	4750	3450	3050	4550	4650	4250	4050

Los datos de la planta de Valencia, donde se elabora esta familia de productos, son los siguientes:

Jornada de trabajo regular: 7,5 horas diarias en dos turnos. Cada mes se trabajan 26 días. En caso de no poder atender la demanda, existe la posibilidad de subcontratar la producción a un coste de 18 € por balón.

Plantilla de trabajadores: la plantilla actual de la empresa está formada por 30 operarios. El coste por hora de trabajo se estima en 10 € la hora. La capacidad de la planta es de 15 operarios por turno.

Contrataciones y despidos: los costes de contratación y despido son de 350 € y 650 € respectivamente.

Cada balón requiere 1,3 horas de producción.

Almacenaje y retraso: cada balón almacenado tiene un coste de 1 € mensual. En caso de retraso, los clientes imponen una penalización de 8 € por balón al mes.

Stock. El *stock* actual es de 100 balones.

Se pide:

Elabora un plan agregado de producción siguiendo una estrategia de caza y otro siguiendo la estrategia de nivelación.

2.4. Una factoría de muebles está elaborando su plan de producción a partir de la previsión de demanda que ha realizado el departamento de marketing para el año que viene.

Datos de demanda:

Ene	Feb	Mar	Abr	May	Jun	Jul	Ago	Sep	Oct	Nov	Dic
11 200	10 300	9500	8500	7500	9200	11 800	12 500	13 500	14 100	12 800	12 200

Los datos de producción se recogen en la siguiente tabla.

Horas/caja (tiempo necesario para producir una caja del producto)	0,5
Jornadas por mes	24
Jornada (horas)	7,5
Plantilla actual (número de operarios)	25
Plantilla máxima	30

Stock actual (cajas)	250
Coste de la hora de trabajo	10 €
Coste de contratación (coste de contratar a un trabajador)	250 €
Coste por despido (coste por despedir a un trabajador)	500 €
Coste por subcontratación (coste por cada caja que se subcontrata)	8 €
Coste de almacenaje (caja)	0,5 €
Coste por rotura de stock (caja)	2 €

Se pide:

- Elabora un plan agregado siguiendo una estrategia de caza y otro siguiendo una estrategia de nivelación.

- ¿Cuál de las dos estrategias tiene un coste menor? ¿A qué es debido?

3. Planificación y organización de la producción/distribución

Introducción

En el capítulo anterior vimos como las empresas establecen planes para adecuar su producción a la demanda de los clientes en el denominado plan de ventas yoperaciones. En estos planes se establecen la cantidad de productos que la empresa va a fabricar en cada período.

Existen muchos modos de fabricar los productos, por eso cuando se planifica la producción no solo basta con decidir cuántas unidades se van a fabricar, sino de qué forma y con qué recursos. Para tomar estas decisiones, hay que tener en cuenta muchos condicionantes, que son los que vamos a estudiar en esta unidad.

Objetivos

— Entender la importancia de la estrategia de operaciones y suministros en la competitividad de la empresa.

— Establecer los distintos factores que intervienen en la planificación de la producción.

— Clasificar y definir los distintos tipos de producción que se realizan en las empresas.

— Relacionar los conceptos de producción y capacidad productiva, estableciendo los distintos niveles de capacidad.

— Describir los procesos de producción flexibles actuales que buscan adaptar rápidamente la oferta a la demanda.

Contenido

3.1. La función productiva de la empresa y el aprovisionamiento

La planificación de la producción y el aprovisionamiento se ocupa de establecer la forma en que se van producir los bienes y servicios de la empresa. Esta estrategia implica decisiones muy importantes, tales como determinar la tecnología que se va a emplear, las medidas para asegurar la calidad del producto, la forma en que se va a organizar y remunerar el trabajo, y otras muchas que afectarán a la satisfacción del cliente y a la rentabilidad de la empresa.

La gestión de la fabricación y distribución de los productos (función que se suele denominar *gestión de operaciones*) no ha sido considerada tradicionalmente como una fuente de ventaja competitiva. Por ello, sus objetivos se ceñían casi exclusivamente a conseguir la máxima producción al mínimo coste.

La irrupción en los años setenta y ochenta de productos japoneses (sobre todo automóviles) de alta calidad y bajo coste hizo a las empresas replantear sus estrategias. La clave del éxito de las empresas japonesas era precisamente la organización y gestión eficiente de sus operaciones. Técnicas como la gestión de *stocks just in time*, las células de producción, etc., consiguieron poner en dificultades a las empresas occidentales, que al final, tuvieron que adaptar buena parte de las nuevas formas de trabajar venidas de Oriente.

Hoy en día, una buena gestión de operaciones en general, tiene un efecto indudable sobre lo que se consideran las prioridades competitivas. Estas prioridades competitivas son las siguientes.

Calidad

En realidad, es difícil encontrar una definición única de calidad. Algunas de ellas son las que se exponen a continuación:

Calidad como conformidad: un producto es de calidad si es conforme a sus especificaciones. Si un tablero debe medir 1,20 × 2,10, será de calidad si son estas sus dimensiones.

Calidad como satisfacción de los requerimientos del cliente. Si un producto se adapta a las necesidades del cliente, será un producto de calidad.

En cualquier caso, una estrategia empresarial basada en la calidad, persigue que el cliente perciba que el producto es diferente de los demás, y esté dispuesto a pagar un precio superior por él.

Coste

Se puede definir el coste de un producto o servicio como el valor de los recursos sacrificados para la obtención del mismo. De este modo, el coste de producir y vender una silla incluiría la madera necesaria para su fabricación, la maquinaria y mano de obra empleada en el proceso productivo, etcétera.

Tener costes de producción menores que la competencia implica poder vender a precios más bajos y ganar cuota de mercado.

Plazos de entrega

Esta prioridad incluye aspectos tales como:

- Entregar el producto al cliente antes que la competencia. A esto ayuda contratar los servicios de empresas especializadas en transporte urgente, así como una buena elección de los medios de transporte disponibles.

- Entregar el producto cuando se han comprometido. De nada vale afirmar que el producto puede estar en 24 horas en casa del cliente, si esta promesa no se cumple. A esto es a lo que hace referencia el concepto de *fiabilidad en las entregas*.

Capacidad de respuesta

La capacidad de respuesta es la posibilidad de hacer frente a los cambios que se producen en el entorno de la empresa (cambios en los gustos de los de los clientes, picos de demanda, irrupción de nuevos competidores, etc).

Otras prioridades

Junto a estas cuatro prioridades *clásicas*, surgen otras tales como la preocupación por el medio ambiente. Emplear embalajes reciclables, emplear medios de transporte poco contaminantes, etc., son actuaciones que las empresas comienzan a llevar a cabo para ponerse la etiqueta de *verde*, o empresa respetuosa con el medio ambiente.

El sistema de producción de la empresa es un factor clave para lograr las prioridades competitivas de la empresa. Si lo que se busca es conseguir costes más bajos que la competencia, se diseñarán procesos basados en la estandarización y la producción de grandes lotes, mientras que, si lo persigue es conseguir plazos de entrega cortos, se buscarán sistemas de fabricación y distribución ágiles que coloquen el producto en manos del cliente antes que los demás.

3.2. Elementos que intervienen en la planificación de la producción

Una vez establecidas las prioridades competitivas, las empresas tienen que tener en cuenta los siguientes elementos a la hora de planificar la producción.

3.2.1. Los procesos de fabricación

Como vimos anteriormente, los procesos de fabricación son la forma en que las empresas transforman los aprovisionamientos en productos terminados. Los procesos de producción se definen por la tecnología y la mano de obra que se emplea. Una mesa, por ejemplo, puede fabricarse mediante herramientas manuales y carpinteros especializados, o bien con maquinaria compleja que requiera una intervención humana mínima. Los procesos más manuales permiten una personalización mayor del producto, mientras que los más mecanizados buscan la reducción de costes al producir grandes cantidades.

3.2.2. Equipos e instalaciones

Las instalaciones y equipos disponibles definen sobre todo la capacidad de producción, es decir, las unidades que se pueden fabricar por unidad de tiempo. También hay que tener en cuenta la flexibilidad de los equipos e instalaciones. Los equipos flexibles permiten aumentar y disminuir rápidamente el nivel de producción, así como las características de los productos.

3.2.3. Capacidad de producción

Como se dijo en el apartado anterior, la capacidad es la cantidad de productos que puede ser obtenida por un proceso productivo por unidad de tiempo. Cuando se habla de la capacidad de una planta de automóviles, se dice que puede producir 15 000 unidades al mes, 200 000 unidades al año, etcétera.

La capacidad del sistema productivo es una variable fundamental, pues su exceso puede provocar recursos ociosos o exceso de *stocks*, mientras que no tener capacidad puede provocar que no podamos satisfacer la demanda.

3.2.4. Estructura de fabricación del producto

La estructura de fabricación de un producto es una lista de los componentes que se requieren para su fabricación, así como los pasos que hay que seguir para su montaje. Son una especie de *libro de instrucciones*.

Esta estructura es fundamental para realizar la previsión de materiales que se necesitan para cumplir con el plan de producción, así como para reflexionar sobre el proceso de fabricación de un producto y conseguir mejoras en el diseño del proceso y del propio producto.

3.2.5. Disposición de la mano de obra directa (MOD)

La mano de obra es el factor humano de la producción. La maquinaria, las instalaciones, los locales… forman parte del patrimonio de la empresa. Cuando hablamos de mano de obra nos referimos a los conocimientos, habilidades, experiencia, etc., de los trabajadores de una organización.

La mano de obra directa es la fuerza laboral que está en contacto directo con la fabricación de un producto, y es un factor muy relevante a la hora de decidir el sistema productivo más conveniente. La cualificación y coste de la mano de obra depende mucho del entorno en que se localizan los centros de producción. Una fábrica ubicada en un país poco desarrollado con bajos costes laborales puede emplear un sistema productivo muy manual, mientras que los productos más complejos tienden a fabricarse en países con mano de obra más formada y especializada.

3.2.6. Relaciones con los proveedores

Elegir bien a los proveedores es fundamental para que los aprovisionamientos adquiridos sean de calidad y a un coste razonable. A la hora de diseñar la cadena de suministro y el proceso productivo, una empresa puede optar por varias estrategias en relación al número de proveedores y su relación con ellos.

La primera de ellas es tener muchos proveedores e intentar obtener el mínimo coste de adquisición en cada momento. Esta ha sido la forma tradicional de gestionar las relaciones con los proveedores, basada en la idea de que la otra parte es un *rival* del que hay que obtener el mejor precio de adquisición en cada momento.

La segunda estrategia sería más a largo plazo, intentando comprar a pocos proveedores, pero fiables. Los proveedores son vistos como colaboradores de la compañía de los que se pueden obtener ventajas mutuamente satisfactorias. En este caso se buscaría la especialización del proveedor y la calidad de los componentes. El inconveniente de esta estrategia es la dependencia del proveedor, lo cual puede suponer un riesgo en caso de que se deba cambiar.

	PROVEEDOR TRADICIONAL	PROVEEDOR COLABORADOR
OBJETIVO DE LA RELACIÓN	Mínimo precio de adquisición	Calidad de los componentes e innovación
TIPO DE RELACIÓN	Corto plazo	Largo plazo
NÚMERO DE PROVEEDORES	Muchos	Pocos
CRITERIOS DE SELECCIÓN	Precio	Calidad, fiabilidad, capacidad de innovación
PARTICIPACIÓN EN EL DISEÑO DEL PRODUCTO	Ninguna	Los proveedores suelen participan para mejorar el producto
CONTROL DE LA CALIDAD	Se inspecciona el material recibido	Los controles se van reduciendo o eliminando cuando la relación se afianza

Figura 3.1. Las relaciones son los proveedores.

Actividad propuesta 3.1.

Los interproveedores de Mercadona

Busca información en internet acerca de la figura de los interproveedores de Mercadona y responde a las siguientes cuestiones.

1. Explica qué es un interproveedor dentro de la estrategia comercial de Mercadona. Determina el tipo de relación que mantenía la cadena de distribución con ellos.

2. Enumera las ventajas e inconvenientes de la relación entre Mercadona y sus interproveedores.

3. Describe la relación actual que Mercadona mantiene con sus proveedores, los motivos del cambio y cómo han reaccionado los antiguos interproveedores de la cadena de supermercados.

3.2.7. Calidad y costes de producción y distribución

El nivel de calidad deseado en el producto es un factor determinante a la hora de planificar el sistema de producción. Para lograr un producto de calidad, no basta con inspeccionar los productos para comprobar que no presentan ningún fallo o defecto. La calidad debe garantizarse en todo el proceso para que no se produzcan estos defectos. Existen normas como la ISO 9000 que intentan garantizar que las empresas certificadas cumplen con unos criterios que aseguran la calidad de sus productos.

Los costes de producción y distribución también son determinantes a la hora de diseñar el proceso productivo. El coste de producción unitario determina el precio al que podemos vender el producto. La disminución de este coste de producción unitario se consigue gracias a las economías de escala (fabricando grandes lotes) de productos poco diferenciados, pero también mediante cambios en la organización.

Los costes de distribución tienen que ver sobre todo con el transporte de los productos terminados. En estos costes influyen la elección de los operadores logísticos o la gestión de las flotas de vehículos (cuando la distribución se realiza sin subcontratar).

Actividad propuesta 3.2.

Variables de la planificación de la producción

Como hemos visto, son muchos los factores que intervienen a la hora de decidir el sistema de producción que vamos a emplear para fabricar un producto, y la calidad y los costes de producción son variables fundamentales.

Veamos el caso de un fabricante de lámparas que tiene un taller donde fabrica sus productos de forma artesanal con máquinas sencillas. Con este sistema tiene capacidad para producir 500 lámparas a la semana con la siguiente estructura de costes:

- Costes fijos: no dependen del número de unidades fabricadas y ascienden a 5000 € a la semana.
- Costes variables: 15 € por cada lámpara.

Las lámparas se venden actualmente a 40 €/unidad.

Para ampliar su negocio se plantea la adquisición de maquinaria más sofisticada. Con el nuevo sistema de producción será capaz de producir 1500 lámparas a la semana, con la siguiente estructura de costes:

- Costes fijos: 10 000 € a la semana.
- Costes variables: 5 € por lámpara

En caso de adoptar en nuevo sistema de producción, las lámparas serían menos artesanales y pasarían a venderse a 30€ cada una.

Se pide:

1. Determina cuántas lámparas tiene que vender con el sistema de producción antiguo y con el nuevo para cubrir sus costes fijos.

2. Supongamos que la demanda de lámparas es de 300 unidades, y en caso de adoptar el nuevo sistema esta demanda aumentaría un 50 % por efecto de la reducción del precio. ¿Convendría adoptar el nuevo sistema de producción?

3. En el caso de que la demanda de lámparas fuera de 600 unidades, aumentando un 50 % si adoptamos el nuevo sistema, ¿sería conveniente adoptarlo? (Ten en cuenta que el sistema actual tienen capacidad para 500 unidades).

3.3. Clasificación de la producción/distribución

Existen muchos criterios para clasificar la producción. En este apartado vamos a estudiar algunas de estas clasificaciones para entender mejor la naturaleza del sistema productivo.

3.3.1. Producción regular y extraordinaria

En el tema anterior vimos cómo a la hora de planificar la producción se pueden emplear varias estrategias. La estrategia de caza busca ajustar oferta y demanda en cada período considerado, mientras que la estrategia de nivelación busca una producción estable. En este segundo caso es más fácil la planificación, puesto que se trata de una producción regular, es decir, realizada con los factores productivos de la empresa y en las jornadas laborales establecidas. En el caso de la estrategia de caza, los períodos de mayor demanda requieren acudir a **la producción extraordinaria.** La producción extraordinaria es la que se realiza por encima de la producción regular, ya sea porque la demanda es estacional o bien porque se producen pedidos imprevistos.

La producción extraordinaria se realiza aumentando la plantilla o mediante las horas extra (cuando la capacidad de las instalaciones lo permite). También se puede acudir a la subcontratación de un tercero. En cualquier caso, suele tener un coste superior a la producción regular.

3.3.2. Producción por montaje

En la producción por montaje las distintas piezas y componentes de un producto se van ensamblando sucesivamente hasta completar el producto final.

En la industria del automóvil, por ejemplo, las plantas de producción van montando las sucesivas piezas del vehículo hasta que este está terminado. Estas piezas son adquiridas de proveedores externos, o bien fabricados por la propia empresa.

La fabricación por montaje produce altos volúmenes de productos muy estandarizados (pocas variaciones).

Figura 3.2. Producción por montaje.

3.3.3. Producción por lotes y bajo pedido

El producto se realiza según las características especificadas por el cliente con muy poca o ninguna estandarización. La producción se realiza mediante maquinaria poco especializada agrupada en talleres. Existen dos tipos dentro de esta categoría:

- **Talleres a medida**: los empleados se suelen encargar de todo el proceso de producción, por eso se suele emplear mano de obra especializada. Ejemplos de este tipo de proceso son las sastrerías y las ebanisterías y otros talleres artesanales. En este caso la producción suele realizarse bajo pedido del cliente.

- **Configuración en *batch***: la maquinaria es algo más sofisticada y las operaciones a realizar para la fabricación del producto son más complejas.

Figura 3.3. Taller de muebles artesanales.   **Figura 3.4.** Configuración en *batch*.

Una de las ventajas de las máquinas empleadas en la fabricación por lotes es que si un producto no se vende se puede cambiar rápidamente la configuración para fabricar otro producto distinto.

3.3.4. Procesos continuos

En este caso, en lugar de fabricar grandes lotes se produce un flujo continuo de productos de forma que siempre se están ejecutando las mismas operaciones, en las mismas máquinas, para la obtención del mismo producto.

Se emplean máquinas especializadas en la misma operación y estas están preparadas para aceptar de forma automática el trabajo que les es suministrado por una máquina precedente.

Lo fundamental en el diseño de estos sistemas es conseguir un flujo continuo de productos, evitando tiempos ociosos y cuellos de botella. Este tipo de configuración se emplea para fabricar muchos tipos de productos altamente estandarizados, tales como bombillas, papel, refrescos, etcétera.

Figura 3.5. Producción continua en una fábrica de galletas.

3.3.5. Producción por proyectos

Se emplea para productos totalmente personalizados para el cliente y de bastante complejidad, tales como aviones, barcos o líneas de ferrocarril. En las configuraciones por proyecto el producto suele permanecer fijo, siendo los operarios los que van incorporando los distintos componentes. En este caso, la planificación de la producción va dirigida sobre todo a la secuenciación de las distintas actividades para controlar la duración del proyecto, y la mano de obra debe estar bastante cualificada.

Figura 3.6. Construcción de un yate.

3.3.6. Producción para *stock* o bajo pedido

Existen varios tipos de estrategias de fabricación, muy relacionadas con el sistema de producción empleado:

- **Diseñar bajo pedido** *(engineering-to-order)*: el producto se diseña totalmente bajo las especificaciones del cliente.

- **Fabricar bajo pedido** *(maketoorder)*: el cliente hace su pedido con un abanico amplio de opciones y se hace a medida.

- **Ensamblar bajo pedido** *(makeforassemble-to-order)*: el cliente compra el producto eligiendo entre algunas características determinadas, y se ensamblan al producto principal los distintos módulos o componentes.

- **Fabricar para *stock*** *(make-to-stock)*. Se fabrican productos estándar sin tener en cuenta la variedad de gustos del cliente.

Actividad propuesta 3.3.

Sistema de producción de Rolls Royce

Después de visualizar el siguiente vídeo, responde las preguntas que se plantean a continuación.

Se pide:

1. Explica cuál de los tipos de sistemas de producción vistos en clase emplea Rolls Royce en la fabricación de sus vehículos. ¿Cuáles son los motivos de emplear este sistema?

2. Compara la fabricación de un Rolls Royce con un vehículo de gama media-baja. ¿Cómo se consigue en cada caso adecuar el vehículo a lo que demanda el cliente? ¿Cuáles son los objetivos de cada uno de los sistemas de producción?

Actividad propuesta 3.4.

Las estrategias de fabricación

Se pide: rellena la siguiente tabla resumen con las características de cada estrategia vista en el apartado anterior.

	Volumen de producción	Proceso de producción	Personalización del producto	Objetivos
Diseñar bajo pedido				
Fabricar bajo pedido				
Ensamblar bajo pedido				
Fabricar para *stock*				

3.4. Nivel de producción y capacidad productiva

Como se explicó anteriormente, la capacidad es la cantidad de unidades de producto que se pueden obtener de una unidad productiva en un período de tiempo determinado. Normalmente el término se suele referir a la capacidad a largo plazo, es decir, en un horizonte temporal de más de dos años.

Decidir sobre la capacidad productiva es tomar decisiones sobre la estructura fija de la empresa, es decir, sobre el tamaño de las plantas, la maquinaria instalada, etc. La capacidad instalada es también una decisión estratégica muy importante por muchos motivos, entre los que se pueden destacar:

- **Marca la posibilidad de respuesta al mercado.** Si la demanda aumenta de forma inesperada, solo podremos atenderla si tenemos suficiente capacidad. En caso de tener una capacidad por debajo de la necesaria se pueden producir roturas de *stocks*, pérdida de clientes, y/o pérdida de calidad si hay que acudir a producciones extraordinarias.

- **Determina el coste de producción**. Para una empresa sería muy fácil atender una demanda variable. Bastaría con instalar una capacidad muy por encima de la necesaria para la producción regular. Esta política produciría muchos efectos negativos, pues existirían recursos ociosos (maquinaria y personal que no se está utilizando), exceso de *stock*, y también una disminución de precios para poder vender la sobreproducción.

En cualquier caso, a la hora de decidir el nivel de capacidad se pueden tomar varias estrategias.

- Estrategia expansionista: se trata de mantener un nivel de capacidad por encima de la demanda habitual.

- Estrategia conservadora: cuando se intenta ajustar la capacidad a la demanda.

En la siguiente tabla se muestran las características de cada estrategia.

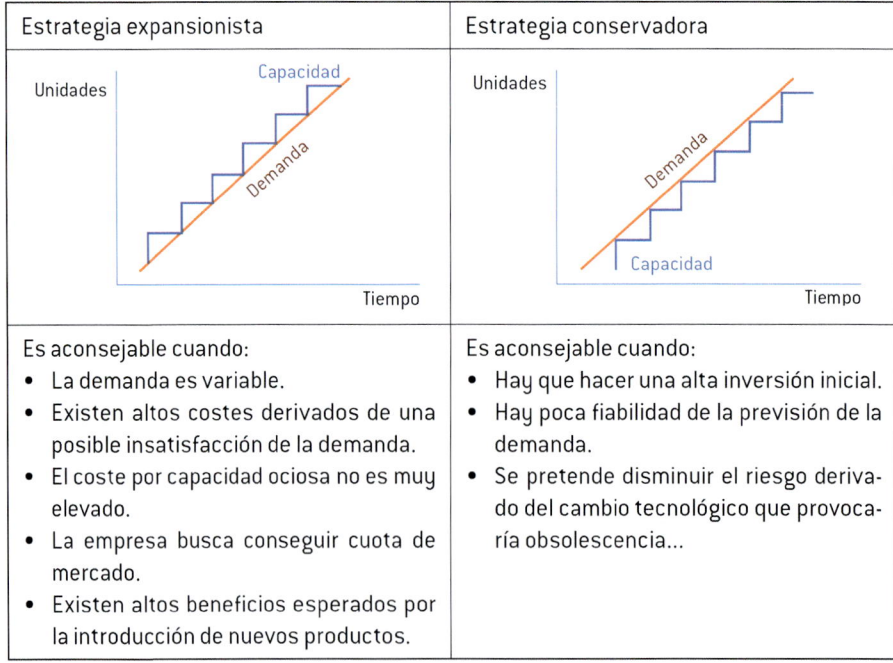

Estrategia expansionista	Estrategia conservadora
Es aconsejable cuando: • La demanda es variable. • Existen altos costes derivados de una posible insatisfacción de la demanda. • El coste por capacidad ociosa no es muy elevado. • La empresa busca conseguir cuota de mercado. • Existen altos beneficios esperados por la introducción de nuevos productos.	Es aconsejable cuando: • Hay que hacer una alta inversión inicial. • Hay poca fiabilidad de la previsión de la demanda. • Se pretende disminuir el riesgo derivado del cambio tecnológico que provocaría obsolescencia...

Figura 3.7. Las estrategias sobre la capacidad.

El grado de utilización de las instalaciones y la maquinaria es un factor determinante de la capacidad. Según este criterio podemos hablar de varios niveles.

- **Capacidad ideal**

  Viene definida por el número de horas de trabajo sin tener en cuenta las interrupciones por el descanso semanal, las vacaciones, o las reparaciones habituales de la maquinaria. Es *ideal* porque supone que todos los recursos se están aprovechando al 100 %.

- **Capacidad práctica**

  La capacidad práctica tiene en cuenta las interrupciones normales de la producción que no se tienen en cuenta cuando hablamos de la capacidad ideal. Es por tanto, una medida más realista.

- **Capacidad normal**

  En la capacidad normal se parte de la capacidad práctica, y se tienen en cuenta además las interrupciones producidas por la falta de demanda.

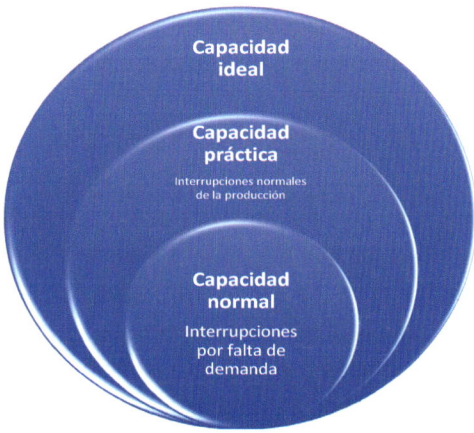

Figura 3.7. Tipos de capacidad.

Actividad propuesta 3.6.

Una planta de fabricación de bicicletas tiene capacidad para 40 empleados en cada uno de sus dos turnos de 8 horas. Cada empleado es capaz de producir una bicicleta cada media hora. Los datos de producción del mes de enero son los siguientes:

- Los días laborables, descontando fines de semana y festivos, son 20 días.

- La jornada laboral efectiva, descontando descansos, es de 7,5 horas.

- La producción se interrumpe 15 horas por reparaciones y mantenimiento de la maquinaria.

- Al ser un mes de poca demanda tenemos un total de 30 trabajadores activos en cada turno.

Se pide: calcular la capacidad ideal, práctica y normal.

3.5. Estrategias actuales de organización de la producción: procesos flexibles, rápidos y adaptados a la variabilidad de la demanda y necesidades

A la hora de diseñar el sistema de producción las empresas tienen que fijar sus objetivos y estrategias, tal y como vimos en el capítulo uno. Existen muchos tipos de procesos y formas de organizar la producción y la cadena de suministro. Vamos a desarrollar los dos tipos más utilizados.

Cadena de suministro eficiente

Su objetivo principal es la disminución de los inventarios en toda la cadena de suministro, así como mejorar la eficiencia de los fabricantes y proveedores, entendiendo por eficiencia como la ausencia de recursos productivos ociosos. En este tipo de cadena se intenta aprovechar al máximo los recursos de la empresa (trabajo, maquinaria, etc.), fabricando grandes lotes de productos con pocas variaciones y en poco tiempo. La selección de proveedores se realiza en función del coste, aunque también se necesitan proveedores fiables que realicen las entregas en poco tiempo y sin demoras para evitar *stocks* en las fábricas. La prioridad competitiva de las empresas que emplean este tipo de cadena de suministro es el coste, aunque también la búsqueda de la eficiencia implica una mejora de la calidad del producto. También las empresas que buscan fiabilidad competir en plazos de entrega pueden emplear una cadena de suministro eficiente.

Dentro de este tipo de cadena encontramos el denominado *lean manufacturing.* Esta estrategia de producción tiene sus orígenes en el denominado *just in time,* filosofía de gestión de la producción que comenzó a ser empleada por Toyota en los años cincuenta.

Lean manufacturing es una filosofía de gestión, basada en la mejora continua a través de la identificación y eliminación de los despilfarros. Los despilfarros son todas aquellas actividades que consumen recursos (tiempo, maquinaria, etc.) y no aportan valor al cliente. En la siguiente figura encontramos los despilfarros más frecuentes:

INTRODUCCIÓN AL CONCEPTO LEAN

Producir en exceso o con demasiada antelación

Desaprovechamiento del talento humano

SOBREPRODUCCIÓN

Cualquier transporte no esencial es un desperdicio

INFRAUTILIZACIÓN DEL PERSONAL

TRANSPORTE

Cualquier movimiento que no añada valor

Cualquier materia prima o producto al que no se le añade valor

MOVIMIENTO

INVENTARIO

Cualquier repetición de trabajo

Tiempo sin actividad del personal, espera de piezas...

RETRABAJOS

ESPERAS

SOBRE PROCESO

Trabajo o servicio adicional no percibido por el cliente

Figura 3.8. *Lean manufacturing.*

Mediante el *lean manufacturing* se hacen estudios continuos del proceso de producción para mejorar su eficiencia. Para lograr el objetivo, se debe contar con la participación del personal implicado directamente en la producción, pues son los que están en contacto con los distintos procesos y actividades. De este modo se reducen los tiempos de fabricación y los costes de producción, gracias a un mejor aprovechamiento de los recursos disponibles.

Actividad propuesta 3.7.

Busca ejemplos de cada uno de los despilfarros que se muestran en el gráfico y que podrían producirse en una planta de fabricación de lavadoras. Haz propuestas para evitar esos despilfarros.

Ejemplo:

Retrabajos: antes de preparar los pedidos de los clientes hacemos una inspección. Aquellas que tienen arañazos o defectos evidentes se reenvían para su reparación.

Solución: buscar los momentos del proceso en que se producen estos arañazos y otros defectos para evitarlos.

Cadena de suministro eficaz

Cuando la demanda de un producto es muy variable y difícil de prever, es más aconsejable emplear una cadena de suministro eficaz, cuya prioridad es reaccionar rápidamente a estos cambios de demanda. En esta cadena, los inventarios se emplean como un *colchón*, que permite no quedarnos sin existencias si la demanda aumenta de forma inesperada. La capacidad de producción y distribución también es más alta de la que se necesita habitualmente, y en la fabricación prima la flexibilidad y variedad del producto. En cuanto a los proveedores, se hace más hincapié en su capacidad de innovación y en su flexibilidad en las entregas. Las prioridades competitivas para las que este tipo de cadena son la capacidad de respuesta y la calidad de diseño (adecuación del producto a las necesidades del consumidor).

En este grupo encontramos la cadena de suministro ágil *(agile supply chain)*. El objetivo de esta forma de organización es dar un nivel de servicio elevado al cliente mediante una respuesta rápida cuando nos enfrentamos a un entorno muy cambiante.

Este tipo de sistema de producción se emplea mucho en el sector textil, donde los productos están muy sujetos a la moda y tienen un ciclo de vida muy corto. Bajo esta filosofía de producción se pueden retirar rápidamente aquellas prendas que no tienen demanda y diseñar y producir rápidamente las que son más demandadas en cada momento.

Para conseguir sus objetivos, la cadena de suministro ágil debe contar con la colaboración de todos los eslabones de la cadena. El departamento de diseño de los productos debe estar en contacto permanente con los clientes, realizando estudios de mercado para determinar qué se demanda en cada momento.

Figura 3.9. *Agile supply chain.*

El sistema de producción debe ser capaz de cambiar rápidamente para poner en el mercado los productos diseñados, y los proveedores tienen que tener capacidad de respuesta para proporcionar los materiales necesarios para los nuevos productos.

Actividad propuesta 3.8.

Establece las principales diferencias que encuentras entre el *lean manufacturing* y el *agile supply chain*. Céntrate principalmente en los objetivos perseguidos por cada estrategia de cadena de suministros y en las herramientas que se emplean para lograrlos.

Actividad propuesta 3.9.

Decide cómo debería gestionar su cadena de suministro una empresa dedicada la producción de zumos de frutas en función de su estrategia competitiva (calidad, costes, capacidad de respuesta o fiabilidad en la entrega).

Gestión de proveedores:

- Debe elegir el más económico, el más fiable y rápido en las entregas, o el que suministra productos de mayor calidad.

- ¿Sería recomendable establecer relaciones a largo plazo?, ¿sería preferible cambiar de proveedores en función de las necesidades del momento?

- Criterios para seleccionar el proveedor de transporte (coste, rapidez, fiabilidad en la entrega).

Sistema de fabricación y distribución:

- Se debe producir de manera artesanal con pequeños lotes o mecanizado produciendo grandes tiradas de producto.

- Debemos tener una capacidad mayor de la que necesitamos en principio, o ajustarla lo más posible para no tener recursos ociosos.

- Qué criterios se deben tener cuenta para elegir el operador logístico.

RESUMEN

- La planificación de la producción y el aprovisionamiento se ocupa de establecer la forma en que se van producir los bienes y servicios de la empresa. Una buena gestión de estas operaciones tiene un efecto indudable sobre lo que se consideran las prioridades competitivas (calidad, coste, capacidad de respuesta y plazo de entrega entre otras).

- Los procesos de fabricación son la forma en que las empresas transforman los aprovisionamientos en productos terminados. Los procesos de producción se definen por la tecnología y la mano de obra que se emplea.

- Las instalaciones y equipos disponibles definen sobre todo la capacidad de producción, es decir, las unidades que se pueden fabricar por unidad de tiempo.

- La mano de obra directa es la fuerza laboral que está en contacto directo con la fabricación de un producto, y es un factor muy relevante a la hora de decidir el sistema productivo más conveniente.

- La gestión de las relaciones con proveedores puede basarse en tener muchos proveedores para obtener el coste más bajo posible o en tener pocos que colaboren con la empresa en el desarrollo del producto final.

- La producción extraordinaria es la que se realiza por encima de la producción regular, ya sea porque la demanda es estacional o bien porque se producen pedidos imprevistos.

- En la producción por montaje las distintas piezas y componentes de un producto se van ensamblando sucesivamente hasta completar el producto final.

- En los procesos continuos se produce un flujo continuo de productos de forma que siempre se están ejecutando las mismas operaciones, en las mismas máquinas, para la obtención del mismo producto.

- La producción por lotes permite obtener productos estandarizados, pero con diferencias entre sí para adaptarse a la demanda.

- La producción por proyectos se emplea para productos totalmente personalizados para el cliente y de bastante complejidad, tales como aviones, barcos o líneas de ferrocarril. Existen varios tipos de estrategias de fabricación, muy relacionadas con el sistema de producción empleado.

- La capacidad es la cantidad de unidades de producto que se pueden obtener de una unidad productiva en un período de tiempo determinado.

- La cadena de suministros eficiente busca obtener un producto de calidad a bajo coste. La cadena de suministros eficaz busca la capacidad de reacción.

TEST

3.1. Una empresa que es capaz de reducir su capacidad productiva rápidamente y a bajo coste compite en:

a. Calidad.

b. Plazo de entrega.

c. Capacidad de respuesta.

d. Todas las anteriores.

3.2. Se entiende por capacidad:

a. Las unidades que pueden fabricarse como máximo en una planta.

b. El tiempo mínimo necesario para producir un bien.

c. La cantidad mínima de producción que se puede obtener por unidad de tiempo.

d. Ninguna de las anteriores.

3.3. En la relación proveedor-tradicional:

a. Tenemos muchos proveedores.

b. El precio de compra es una variable fundamental.

c. Las relaciones son a corto plazo.

d. Todas las anteriores.

3.4. En una relación proveedor-colaborador:

a. Se busca obtener un coste de adquisición lo más bajo posible.

b. Tenemos muchos proveedores.

c. El proveedor participa en el diseño del producto.

d. Ninguna de las anteriores.

3.5. ¿Cuál de los siguientes sistemas productivos consigue lotes de producción más grandes pero con menos variaciones?

a. Producción continua.

b. Producción por lotes.

c. Producción por proyecto.

d. Producción en *batch*.

3.6. Cuando fabricamos un producto a base de módulos para que el cliente pueda elegir algunas características del producto, el sistema se denomina:

a. Diseñar bajo pedido.
b. Fabricar bajo pedido.
c. Ensamblar bajo pedido.
d. Fabricar para *stock*.

3.7. La capacidad práctica es la producción que podemos alcanzar:

a. Teniendo en cuenta la inactividad por falta de demanda.
b. Cuando utilizamos los recursos de la empresa al 100%.
c. Sin tener en cuenta la falta de actividad por averías o tiempos de descanso.
d. Ninguna de las anteriores.

3.8. Una cadena de suministro eficiente tiene como objetivos:

a. Reducir los inventarios y conseguir el mejor aprovechamiento de los recursos de la empresa.
b. Adaptarse rápidamente a los cambios que se producen en el entorno.
c. Obtener productos innovadores y diferenciados de la competencia.
d. Todas las anteriores.

3.9. *Agile supply chain* hace referencia a los sistemas productivos basados en:

a. La consecución de economías de escala para abaratar los productos.
b. La reducción de inventarios a lo largo de toda la cadena de suministros.
c. La capacidad de respuesta ante los cambios de demanda.
d. Ninguna de las anteriores.

3.10. La producción para *stock* es aquella en la que:

a. Fabricamos un producto no personalizado para venderlo en el mercado.
b. Fabricamos el producto a partir de las especificaciones del cliente.
c. El producto es totalmente artesanal.
d. Ninguna de las anteriores.

ACTIVIDADES

3.1. Tutraje.com es una empresa dedicada a la confección de trajes a medida *online*. Para su funcionamiento, el cliente hace un pedido indicando sus medidas y la empresa le entrega el traje confeccionado en su domicilio.

1. Describe las estrategias competitivas que podría emplear Tutraje.com.

2. Si se optara por competir en calidad, describe qué decisiones serían más correctas en los siguientes apartados.

   - Criterios de selección de mano de obra directa.

   - Relaciones con los proveedores.

   - Capacidad instalada.

3. Decide qué tipo de sistema productivo sería más convenientes. Justifica tu respuesta.

4. ¿Qué estrategia de fabricación de las siguientes consideras más adecuada?

   - Diseñar bajo pedido.

   - Fabricar bajo pedido.

   - Ensamblar bajo pedido.

   - Fabricar para *stock*.

5. Respecto a la capacidad, teniendo en cuenta que la empresa lleva unos pocos meses en funcionamiento, decide qué estrategia (expansionista o conservadora) consideras más adecuada.

6. Explica posibles «despilfarros» que podrían producirse en el sistema de producción según la filosofía del *lean manufacturing*.

7. ¿Crees que sería conveniente establecer una cadena de suministro ágil? Explica cinco medidas de esta estrategia que se podrían aplicar en la gestión de Tutraje.com.

3.2. Explica qué sistemas productivos y qué estrategias de fabricación crees más adecuadas para los siguientes productos, justificando tus respuestas:

- Ordenadores para ser vendidos en unos grandes almacenes.
- Papel de embalar.
- Trajes de novia.
- Lavadoras.
- Ventanas de aluminio.
- Helicóptero de rescate.

3.3. Una fábrica de galletas tiene capacidad para 50 empleados en cada uno de sus dos turnos de 8 horas. Cada empleado es capaz de producir 150 cajas de galletas cada 15 minutos. Los datos de producción del mes de diciembre son los siguientes:

- Los días laborables, descontando fines de semana y festivos, son 20 días.
- La jornada laboral efectiva, descontando descansos, es de 7 horas.
- La producción se interrumpe 12 horas por reparaciones y mantenimiento de la maquinaria.
- Debido a la caída de demanda tenemos un total de 40 trabajadores activos en cada turno.

Se pide: calcular la capacidad ideal, práctica y normal.

4. Técnicas de planificación y control de proyectos

Introducción

En el tema anterior vimos como el sistema de producción debe adaptarse al tipo de producto y demanda a la que se enfrenta la empresa. Cuando se trata de productos complejos y a medida del cliente, el sistema de producción más adecuado es la fabricación por proyectos.

En la fabricación por proyectos, se parte del pedido del cliente para hacer el producto conforme a sus especificaciones. De esta forma se hace un producto a medida, incorporando los distintos componentes al producto hasta que se encuentra listo para entregarlo.

En la producción por proyectos es muy importante la planificación inicial, pues de ello depende que el producto final sea entregado en el plazo comprometido con el cliente. Con una buena planificación evitaremos también que existan tiempos ociosos y despilfarro de recursos.

Objetivos

— Definir el concepto de actividad y su importancia en la planificación de proyectos.

— Representar gráficamente sistemas de producción.

— Identificar los distintos tipos de restricciones a la hora de planificar la producción.

— Calcular los tiempos y holguras de las distintas actividades.

— Utilizar distintos métodos de planificación y control de actividades.

— Establecer calendarios de ejecución de un proyecto, identificando posibles holguras.

— Asignar recursos a los proyectos o procesos de producción empleando aplicaciones informáticas.

— Determinar las necesidades de trabajo y materiales de un proyecto o proceso a partir de aplicaciones informáticas de gestión de proyectos.

Contenido

4.1. Introducción a los sistemas de planificación, programación y control de proyectos

Un proyecto se puede definir como la planificación de un conjunto de actividades coordinadas e interrelacionadas que se emprende con el objetivo de crear un producto o servicio único. La construcción de un buque, el desarrollo de un programa informático o la construcción de una vivienda son ejemplos de productos que se fabrican por proyectos.

Todos los proyectos tienen un principio y un fin, y siguen las siguientes etapas.

- Iniciación.
- Planificación.
- Ejecución.
- Control.
- Finalización.

Por su complejidad, los proyectos requieren de una planificación orientada al largo plazo, donde se diseñe el modo en que se utilizarán los recursos de la organización para alcanzar las metas planteadas. En este sentido, puede determinarse que todo proyecto tiene un principio y un final, recursos definidos y unos objetivos.

Planificar los proyectos es de suma importancia. Saber qué actividades requiere y cuál es la duración de cada una, los materiales que se van a necesitar y en qué momento, además de tener en cuenta las posibles restricciones a las que nos vamos a enfrentar es fundamental. Solo teniendo una buena planificación se podrá entregar el producto en el momento en que lo solicita el cliente, además de conseguir una buena eficiencia en la utilización de los recursos de que disponemos.

No basta con planificar bien, una vez que el proyecto se pone en marcha es imprescindible hacer un seguimiento del cumplimiento de la planificación, poniendo en funcionamiento las medidas correctoras necesarias en caso ser necesario.

4.2. Definición de actividades

Como vimos en el punto anterior, todo proyecto se compone de una serie de actividades. Estas actividades son las tareas que consumen recursos de la empresa (mano de obra, maquinaria, etc.) y que son imprescindibles para realizar el proyecto.

Las actividades en las que dividimos un proyecto tienen que tener las siguientes características:

- Deben ser medibles en términos de tiempo, recursos, esfuerzo y coste.

- Tienen que tener un producto final como resultado.

- Deben tener un comienzo y final claro.

- Su responsabilidad puede ser asignada a una sola persona.

La información que necesitamos de cada actividad se debe centrar en los siguientes aspectos:

- Descripción de la tarea.

- Condiciones necesarias para su realización.

- Recursos necesarios.

- Tiempo estimado.

Actividad propuesta 4.1.

Define las actividades necesarias para cocinar una tortilla de patatas en un restaurante. Para ello rellena una ficha como la que se muestra a modo de ejemplo.

Tarea Número 1. Preparar patatas	
Descripción de la tarea.	Pelar 1 kg de patatas y cortar en rodajas finas
Tareas precedentes.	Ninguna.
Recursos necesarios	<ul><li>Un ayudante de cocina.</li><li>Un cuchillo y un recipiente.</li><li>1 kg de patatas.</li></ul>
Tiempo estimado	5 minutos

Tarea Número 2. Freír patatas	
Descripción de la tarea.	Freír las patatas cortadas
Tareas precedentes.	1
Recursos necesarios	<ul><li>Un ayudante de cocina.</li><li>Sartén, espumadera y escurridor.</li><li>1 litro de aceite.</li><li>Patatas peladas.</li><li>Placa de inducción.</li><li>Electricidad.</li></ul>
Tiempo estimado	30 minutos

4.3. Representación gráfica de un plan de producción

Para ordenar y entender mejor las relaciones entre las distintas actividades de un proceso o plan de producción se emplean distintos tipos de representación gráfica. Los gráficos más utilizados son los asociados a las técnicas de gestión de proyectos (PERT y gráficos de Gantt, entre otros) que estudiaremos con más detenimiento.

También existen gráficos más sencillos que describen la secuencia de actividades necesarias para lograr un producto, tales como los diagramas de ensamblaje.

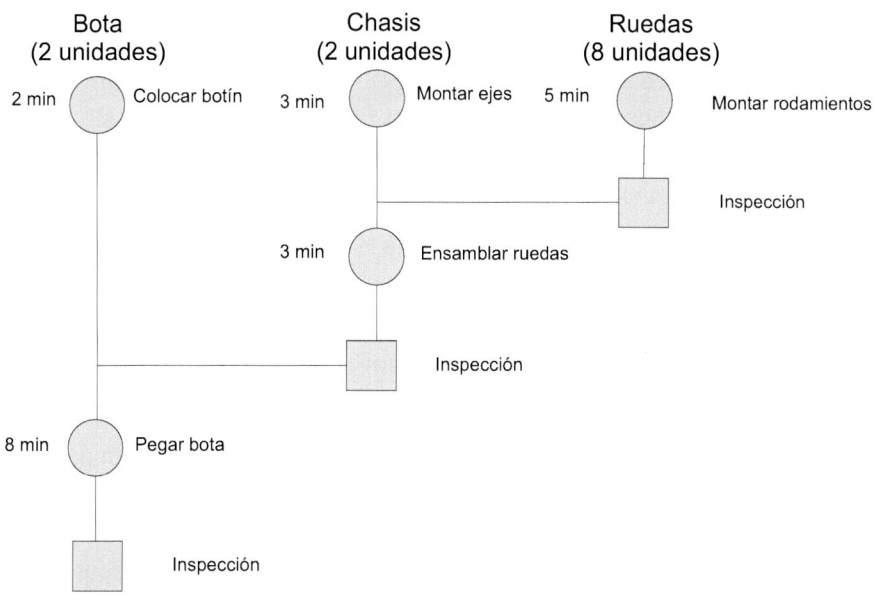

Figura 4.1. Diagrama de ensamblaje de unos patines.

Los diagramas de ensamblaje muestran los componentes de un producto, así como la secuencia de actividades que se tienen que seguir para la obtención del producto final. Al lado de las actividades se escribe su duración, y la forma en que las distintas fases del montaje se van incorporando al producto principal.

Actividad propuesta 4.2.

Elabora un diagrama de ensamblaje para la elaboración de una tortilla de patatas. Para ello, parte de los ingredientes principales y establece la secuencia de elaboración tal y como aparece en el ejemplo.

4.4. Teoría de las restricciones (cuellos de botella)

Un cuello de botella es cualquier recurso cuya capacidad es menor que su demanda, y por lo tanto es una restricción que limita la producción. Si una panificadora tiene personal y maquinaria suficiente para amasar 50 barras de pan a la hora y su horno solo tiene capacidad para 30 barras cada hora, el horno es un cuello de botella.

Para definir los cuellos de botella es preciso estudiar la capacidad y la utilización de cada recurso necesario para la producción. De esta forma se identifican:

- Canal despejado. Son los recursos que tienen más capacidad de la necesaria. Estos recursos no pueden utilizarse al 100 %, pues tendríamos un exceso de producción. En el caso de la panificadora, si utilizamos al 100 % capacidad para amasar cada hora tendríamos 20 barras sin hornear que se irían acumulando durante el día. Este tipo de recursos tienen que incorporar necesariamente tiempos ociosos.

- Recursos restringidos por la capacidad. Son aquellos que se utilizan casi al 100 %, y que pueden convertirse en un cuello de botella. Este tipo de recursos son los que limitan la cantidad de unidades que se pueden producir, así como el tiempo de fabricación.

Los cuellos de botella se pueden eliminar, pues basta con identificarlos y aumentar su capacidad. Antes de eliminarlos, hay que estudiar si conviene hacerlo, ya que aumentar la capacidad supone un coste y además puede producir otros cuellos de botella en el sistema. Seguimos con el ejemplo de la panificadora. Si decidimos adquirir un nuevo horno, podremos hacer 60 barras de pan a la hora, pero solo tenemos capacidad para amasar 50. Tenemos un nuevo cuello de botella y un recurso (el nuevo horno) que no se está utilizando al 100 %.

4.4.1. Tipos de restricciones

Los tipos de restricciones que pueden limitar la producción pueden clasificarse en los siguientes grupos.

Restricciones de mercado

Las restricciones de mercado se refieren a la demanda del producto. No tiene sentido producir 1000 unidades cuando solo se pueden vender 500.

Restricciones de materiales

Este tipo de restricciones se produce cuando existen limitaciones en cuanto a la disponibilidad de materiales en la cantidad y calidad requerida. Puede producirse por una mala organización de la función de aprovisionamientos o por otro tipo de circunstancias (por ejemplo las condiciones climatológicas, el exceso de demanda internacional de algún material, etcétera).

Restricciones de capacidad

Se produce cuando tenemos equipos que no son capaces de satisfacer la demanda requerida.

Restricciones logísticas

Son las restricciones producidas por la logística de la empresa, tales como la falta de capacidad en el sistema de transporte y distribución.

Restricciones administrativas

Tienen que ver con los problemas en la organización, el exceso de burocracia, etcétera.

Restricciones de comportamiento

En este último tipo se engloban las restricciones producidas por las actitudes y comportamiento del personal.

Actividad propuesta 4.3.

Clasifica las siguientes restricciones en los grupos vistos anteriormente para el caso de un fabricante de televisores.

1. No tenemos suficiente personal para montar los sistemas de sonido.

2. Se pueden producir 500 unidades al mes y solo se demandan 250.

3. Se cometen muchos errores a la hora de procesar los pedidos de los clientes.

4. No tenemos vehículos suficientes para atender los pedidos de los clientes.

5. Se producen frecuentes roturas de *stocks* en los componentes.

6. El personal se ausenta frecuentemente sin motivo de su puesto de trabajo.

4.5. Cálculo de tiempos y holguras

Para planificar un proyecto o un proceso productivo es preciso calcular los tiempos de cada actividad. Para ello pueden utilizarse varios métodos, pero el más común es el estudio de tiempos. Mediante esta técnica medimos con un cronómetro el tiempo necesario para realizar una determinada actividad. Las actividades se miden varias veces y luego se calcula una media.

A parte de la duración de las actividades, también hay que tener en cuenta su variabilidad, pues de esta va a depender la incertidumbre sobre el cumplimiento del plan realizado. La variabilidad de una actividad puede medirse mediante la varianza o la desviación típica de las mediciones, pero para la planificación de proyectos es más frecuente tomar en consideración tres tiempos para cada actividad:

* Tiempo optimista (a): es el tiempo que transcurre cuando la actividad trascurre de forma «perfecta». Se trata del tiempo «récord».

* Tiempo más probable(m): es el tiempo normal o más frecuente de ejecución de la actividad.

* Tiempo pesimista (b): es el tiempo más largo, cuando la actividad se realiza de forma deficiente o sucede alguno de los riesgos planificados, como puede ser la avería de una máquina.

Una vez que tenemos estos estos datos, se debe definir para cada actividad:

* El tiempo estimado.

$$Te = \frac{a + 4m + b}{6}$$

* La varianza.

$$\sigma^2 = \left(\frac{b - a}{6}\right)^2$$

Cuando se estudian las actividades para elaborar un producto o desarrollar un proyecto es muy útil definir las denominadas holguras. Las holguras son aquellas actividades que pueden demorarse sin retrasar la producción total.

Para buscar las holguras es preciso estudiar las relaciones que existen entre las actividades y ver cuáles se pueden realizar simultáneamente y cuáles exigen una actividad previa. Para esta tarea se emplean las técnicas de control de proyectos, que se estudiarán más adelante.

Actividad propuesta 4.4.

Hemos tomado mediciones de una serie de actividades para realizar un proyecto, llegando a las siguientes conclusiones (tiempo en días):

Actividad	Tiempo optimista (a)	Tiempo más probable (m)	Tiempo pesimista (b)
A	5	8	10
B	4	5	6
C	2	2	2
D	8	10	15
E	2	5	6
F	1	4	6
G	8	14	20

Se pide:

Calcula el tiempo estimado para realizar cada actividad, así como su varianza. Haz un análisis de los datos obtenidos.

4.6. Calendario de ejecución y nivelación de recursos

Una vez delimitadas las actividades, el siguiente paso para planificar un proyecto es realizar un calendario de ejecución. En este calendario se establece cuando se debe realizar cada actividad, para lo cual se emplean cronogramas. Estos cronogramas pueden realizarse mediante las técnicas PERT y los diagramas de Gantt, entre otros, y tienen muchas utilidades como las que se describen a continuación.

• Son una base para supervisar y controlar el desarrollo de las actividades del proyecto.

• Ayuda a realizar la asignación de recursos a cada una de las actividades para que el proyecto o proceso productivo sea más eficiente.

• Facilita la evaluación de holguras.

• Permite saber cuándo dejaremos de utilizar cada recurso para poder asignarlo a otras tareas.

Una vez realizado el cronograma se deben asignar los recursos disponibles a cada actividad. Para ello existen distintas técnicas como la nivelación de recursos. Mediante la nivelación de recursos podemos reorganizar la secuencia de actividades en caso de que los recursos necesarios no estén disponibles o tengan una demanda excesiva.

4.7. Métodos de control de control de planes de producción

4.7.1. Gráficos de Gantt

Este tipo de diagramas fue concebido por el ingeniero norteamericano Henry L. Gantt. Gantt propuso resolver con sus gráficos el problema de la programación de actividades conforme a un calendario previsto de tal manera que se pudiese visualizar el período de duración de cada actividad, sus fechas de iniciación y terminación, así como el tiempo total requerido para la ejecución de un trabajo. En este gráfico se indican:

- En el eje horizontal: un calendario, o escala de tiempo en unidades de tiempo, que pueden ser horas, días, semanas, meses, etcétera.

- En el eje vertical: las actividades que constituyen el trabajo a ejecutar mediante una línea horizontal cuya longitud es proporcional a su duración en las unidades de tiempo establecidas.

Actividad resuelta 4.1.

Bicisport S. A. es una empresa dedicada al montaje de distintos tipos de bicicletas. Para la producción de uno de sus modelos de *mountain bike* (MTB 450), realiza las siguientes actividades:

Actividad	Duración (min)	Precedentes
A. Fabricación y montaje de llantas	10	---
B. Montaje cámaras y cubiertas	5	A
C. Montaje manillar y dirección	8	D
D. Soldar cuadro y montar sillín	12	---
E. Instalación de frenos	12	C
F. Montaje eje de pedales	7	D
G. Montaje transmisión	8	F, B
H. Ajuste marchas	5	G, E

En la tabla se muestran la duración de cada actividad y las precedentes. Por ejemplo, para montar las cámaras y cubiertas (B), debemos antes tener las llantas montadas (A).

Para hacer el gráfico procedemos de la siguiente manera:

1. Dibujamos los ejes horizontales y verticales.

2. Colocamos los nombres de las tareas en el eje vertical.

3. Dibujamos las tareas que no tienen predecesoras a la izquierda coincidiendo con el momento 0.

---

4. Colocamos el resto de actividades a continuación de las precedentes. Hay que tener en cuenta que cuando una actividad tiene dos precedentes, hay que colocarla a continuación de la de que tarda más en realizarse. Sería el caso de la actividad H y de la G.

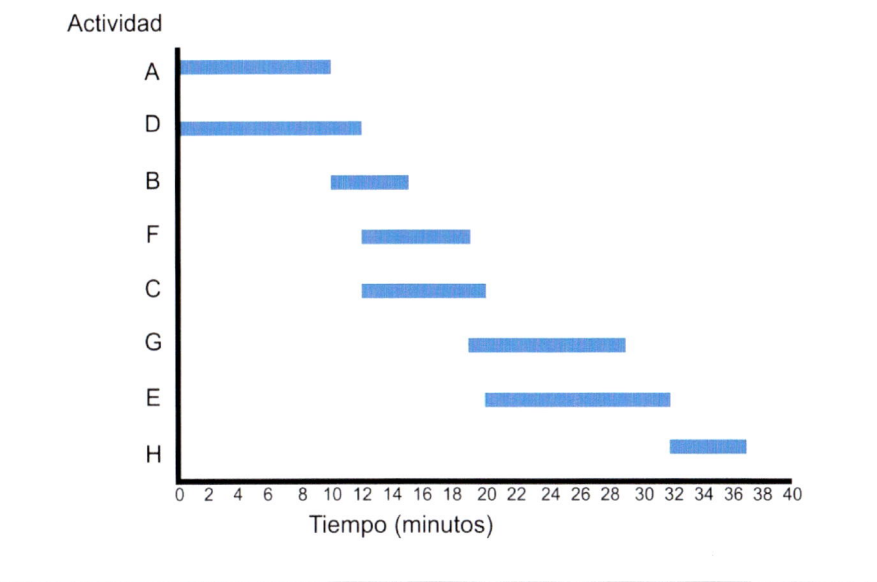

Como podemos apreciar en el gráfico, el tiempo necesario para montar la bicicleta es de 37 minutos, que es cuando se termina la actividad H (ajuste de marchas). En el gráfico también podemos ver las actividades que se realizan simultáneamente, así como el momento en que se inicia cada una de ellas. Por ejemplo, el montaje de la bicicleta empezaría con las actividades A y D, que se realizan simultáneamente. Al terminar la A, empezaríamos con la B, y así sucesivamente hasta completar el montaje. Cuando se trata de gestionar proyectos largos (como la construcción de un avión o un buque), estos gráficos permiten ver las fases que deben estar completadas en una fecha determinada, así como los posibles retrasos.

4.7.2. Método PERT y camino crítico (CPM)

El método PERT-CPM es una de las técnicas más empleadas para planificar proyectos con numerosas actividades, y (como en el caso del gráfico de Gantt), también se puede emplear para analizar procesos de producción más sencillos. Las etapas a seguir en el método son las siguientes:

1. Dibujar un diagrama donde aparezca la secuencia de las distintas actividades. Las actividades se representan mediante líneas rectas. Estas rectas se conectan mediante nodos que indican el inicio y final de cada actividad.

2. Calcular la duración y holgura de cada actividad.

3. Determinar los caminos críticos.

Actividad resuelta 4.2.

En esta actividad vamos a analizar el proceso de montaje de la bicicleta MTB 450 descrito en la actividad resuelta anterior, mediante la técnica PERT-CPM. Los pasos serían los siguientes:

1. Diagrama de secuencia de actividades.

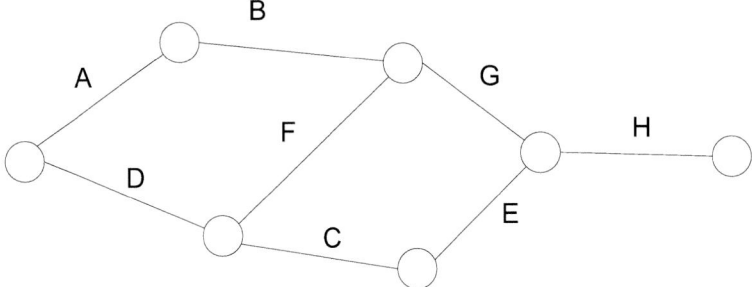

En este diagrama se han colocado las distintas actividades a realizar en el montaje de la bicicleta. Con círculos hemos señalado su principio y final, así como sus relaciones de precedencia.

2. Dividimos los círculos en tres sectores. En el superior numeramos los nodos de izquierda a derecha. La numeración debe hacerse de tal modo que ninguna actividad debe partir de un nodo con una numeración mayor que donde finaliza.

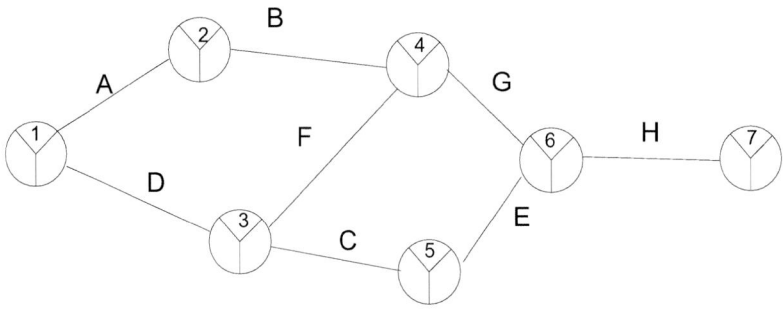

3. Cálculo del tiempo más temprano *(early)*. En el sector de la izquierda de cada nodo vamos anotando el tiempo más temprano de finalización de las actividades que finalizan en él. Para ello empezamos por el primero, asignándole 0. El resto lo calculamos sumando la duración de cada actividad que finaliza en él al tiempo *early* de la precedente. Cuando en un nodo finaliza más de una actividad, tomaremos el mayor de los dos, pues hasta que no terminemos la de más duración no podremos iniciar la siguiente. Como podemos observar en el diagrama, el tiempo más temprano para finalizar el montaje de la bicicleta es de 37 minutos, que era el tiempo que se marcaba en el Gráfico de Gantt.

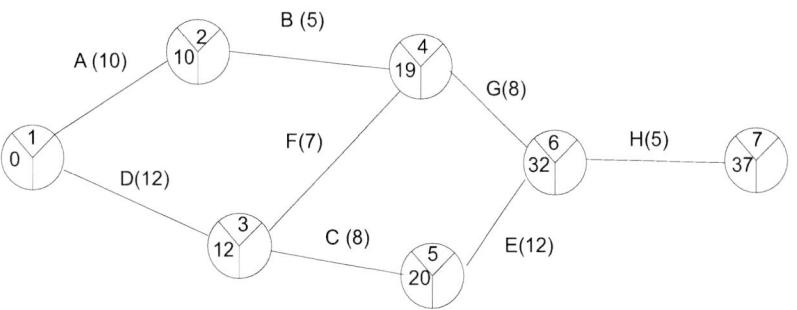

4. Cálculo del tiempo más tardío *(last)*. El tiempo más tardío marca el máximo tiempo que puede emplearse en una actividad sin que se produzcan retrasos en la fabricación. Se completa empezando por la derecha, es decir por el último nodo (7), al cual le asignamos el tiempo más temprano, es decir, la duración total del proyecto. Continuamos por el 6, restando a su tiempo *last* la duración de la actividad, es decir 37-5 = 32. Cuando de un nodo parten varias actividades, tomamos la menor de las diferencias de los tiempos *last* (TL) y la duración de cada actividad (D). En el ejemplo, del nodo número tres parten dos actividades, la cuatro y la cinco. El cálculo de los tiempos *last* sería el siguiente:

TL3= min (TL4-DF; TL5-DC) = min (24-7; 20-8) = 12

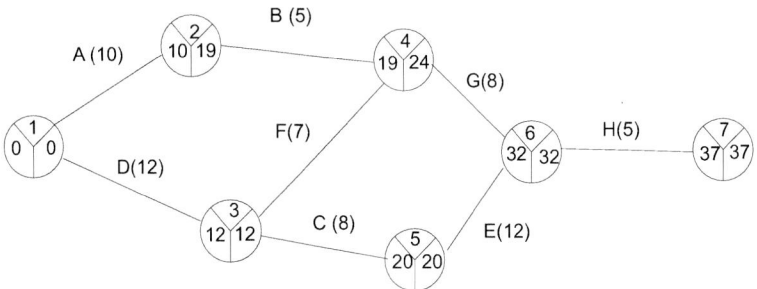

5. Determinar la duración y las holguras de las actividades. La holgura (H) de una actividad es el tiempo que puede retrasarse sin retrasar todo el proceso, y viene marcada por la diferencia entre el tiempo más temprano y el más tardío. En el ejemplo, las actividades que tienen alguna holgura son la A, B, F y G. La holgura de una actividad se calcula restando al tiempo *last* del nodo en que termina la duración de la actividad y el tiempo *early* (TE) donde empieza.

HA= TL2-DA-TE1 = 19-10-0 = 9.

HB = TL4-DB-TE2= 24-5-10 = 9.

HC= TL5-DC-TE3= 20-8-12= 0.

HD=12-12-0= 0

HF= 24-7-12 = 5

HG= 32-8-19 = 5

HH=37-5-32= 0.

6. Determinación del camino crítico. El camino crítico muestra aquellas actividades que no se pueden retrasar, en decir, aquellas cuya holgura es 0. En el ejemplo el camino crítico está formado por las actividades D-C-E-H.

Como hemos visto en la actividad resuelta, el método PERT-CPM nos ha permitido realizar un análisis del proceso de producción más detallado que el que ofrecía el gráfico de Gantt. Gracias al método podemos estudiar:

- Le secuencia de actividades que debemos seguir para completar el ciclo de producción de un producto.

- El tiempo necesario para completar su fabricación.

- Las actividades que tienen holgura, es decir aquellas que pueden retrasarse sin que por ello se retrase todo el proceso. También hay que tener en cuenta que estas holguras pueden suponer tiempos ociosos.

- Las actividades críticas, es decir, aquellas que marcan la duración del ciclo de fabricación. Estas actividades son las que hay que analizar si se desea acortar el tiempo necesario para completar el producto. Esta reducción puede conseguirse asignando más recursos a estas actividades (si es posible).

- El momento en que termina cada actividad, y por tanto los recursos empleados en ella quedan ociosos.

Cuando hemos tomado tiempos optimistas, más probables y pesimistas, y queremos conocer la variabilidad del proyecto, operamos de la siguiente manera.

1. Operamos de forma exactamente igual que en el método PERT-CPM, calculando los tiempos *early, last* y el camino crítico, pero tomando **como duración de cada actividad su tiempo estimado**.

2. La varianza del proyecto será **la suma de las varianzas de las actividades del camino crítico**, y la raíz cuadrada de esta varianza será la desviación típica del proyecto.

Actividad propuesta 4.5.

Supongamos que en la actividad resuelta 4.2 la varianza de las actividades es la siguiente:

Actividad	Duración estimada	Precedentes	Varianza
A. Fabricación y montaje de llantas.	10	---	2
B. Montaje cámaras y cubiertas.	5	A	2
C. Montaje manillar y dirección.	8	D	1
D. Soldar cuadro y montar sillín.	12	---	2
E. Instalación de frenos.	12	C	3
F. Montaje eje de pedales.	7	D	2
G. Montaje transmisión.	8	F, B	1
H. Ajuste marchas.	5	G, E	1

Se pide:

Calcula la varianza y la desviación típica total del proyecto.

4.7.3. Método Roy o de los potenciales

El método Roy es similar al PERT, pero las actividades se representan en los vértices y los arcos determinan las relaciones de precedencia. Vamos a verlo con un ejemplo.

Tarea	Duración (horas)	Precedencia
A	10	
B	8	
C	8	

D	12	A
E	10	C
F	16	A
G	8	B,D,E
H	14	C
I	6	F,G,H,

Lo primero que debemos hacer es construir el grafo Roy. Para ello empezamos de una actividad que denominaremos 0 y terminamos por otra que denominaremos fin.

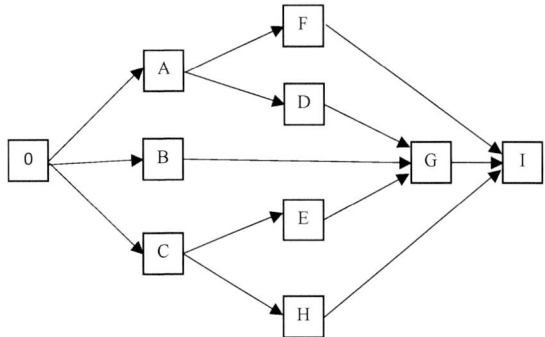

A continuación, representamos cada actividad en un cuadrado dividido en cuatro partes.

1. En los arcos escribimos la duración de la actividad.

2. En la parte superior escribimos el nombre de la actividad.

3. En la parte inferior ponemos su duración.

4. En la parte izquierda el tiempo mínimo (early). Se procede igual que con el gráfico PERT. Por ejemplo, a la actividad G le preceden D, B y E. Al tiempo más temprano de cada actividad le sumamos la duración de cada una y tomamos el máximo.

Actividad D: tiempo mínimo+ duración = 10 + 12 =22

Actividad B: tiempo mínimo+ duración = 14 + 8 =22

Actividad E: tiempo mínimo+ duración = 12 + 10 =22

5. En la parte derecha el tiempo máximo *(last)*. Igual que en el gráfico PERT, el tiempo más tardío marca el máximo tiempo que puede emplearse en una actividad sin que se produzcan retrasos en la fabricación. Se completa empezando por la derecha, es decir por el último nodo (FIN), al cual le asignamos la duración total del proyecto. Continuamos por el I, restando a su tiempo *last* la duración de la actividad, es decir 306−6=300. Cuando de un nodo parten varias actividades, tomamos la menor de las diferencias de los tiempos *last* (TL) y la duración de cada actividad (D). En el ejemplo tenemos el nodo C. De él parten la actividad E y H. El tiempo *last* de E es 12 y su duración es 8. El tiempo *last* de H es 16 y su duración 8.

TLE−duración = 12−8 =4

TLH−duración = 16−8= 8

En este caso tomaremos el menor de los dos, es decir 4.

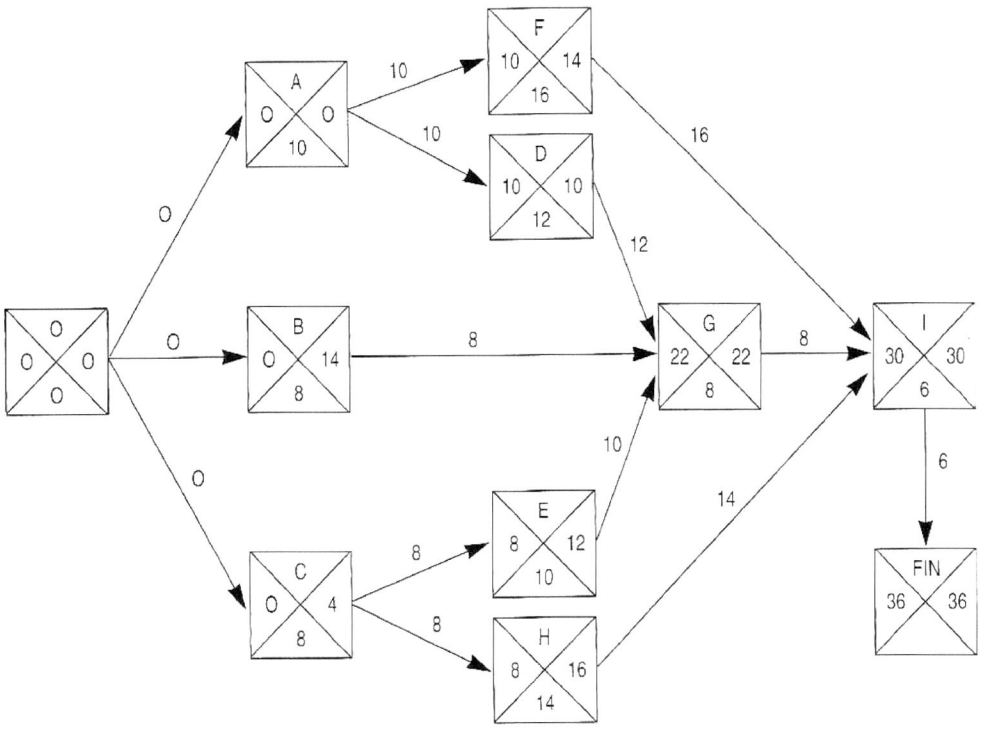

El resto del análisis, camino crítico, holguras, etc., es idéntico al del grafo PERT.

4.8. Aplicaciones informáticas de gestión de proyectos

Existen muchas aplicaciones informáticas para gestionar proyectos, casi todas ellas funcionan de manera similar. En este apartado vamos a ver el funcionamiento de Projectlibre, aplicación de código abierto que se puede descargar en el siguiente enlace:

http://www.projectlibre.org/

Al instalar la aplicación, lo primero que tendremos que hacer es crear nuestro primer proyecto. Vamos a crear un proyecto sencillo, como es la fabricación del modelo MTB450 que hemos ido desarrollando a lo largo del tema.

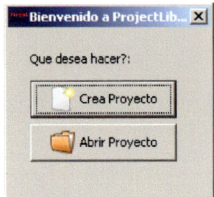

Para ello, pulsamos en crear proyecto e introducimos los siguientes datos:

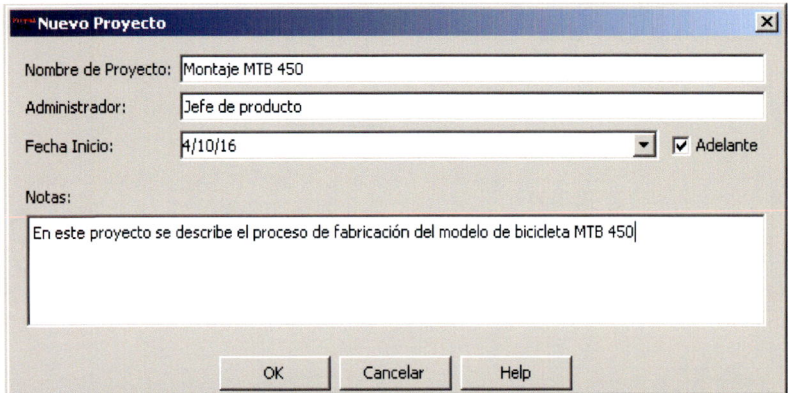

La casilla *adelante* sirve para indicar que la fecha de terminación del proyecto es la fecha de terminación de la última actividad. Si no la activamos, tendremos que indicar cuándo termina el proyecto.

Introducción de las actividades

Al crear el proyecto la pantalla se divide en dos partes. A la izquierda tenemos una tabla donde introduciremos las actividades y a la derecha se irá construyendo el gráfico de Gantt correspondiente al proyecto.

Vamos a introducir las actividades. Para ello, primero vamos a introducir una nueva columna a la izquierda de duración. Seleccionamos duración y con el botón derecho del ratón sale un menú donde elegiremos insertar columna.

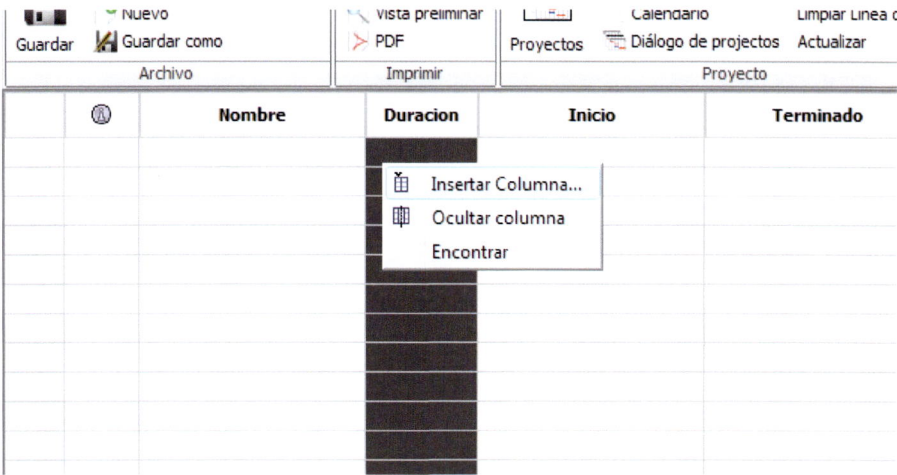

En campo introduciremos trabajo.

A continuación vamos introduciendo las tareas, con su duración y las tareas precedentes. De momento dejamos *nombres del recurso* en blanco. Las herramientas de gestión de proyectos se emplean sobre todo para proyectos de larga duración, no tanto para analizar procesos productivos. Por ese motivo, vamos a suponer que en lugar de minutos, la duración de cada actividad son **horas.**

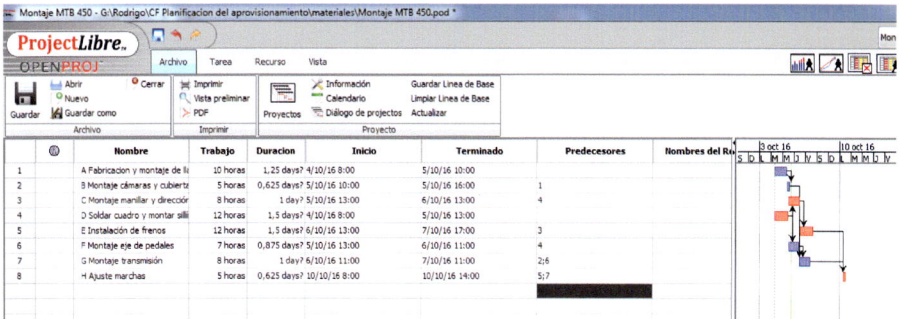

A la derecha vemos cómo se va construyendo el diagrama de Gantt. En él se indican las flechas que indican la relación de precedencia de las actividades.

Asignación de recursos

Para asignar recursos a las actividades vamos al menú recurso y pulsamos el botón recurso.

Rellenamos los siguientes campos:

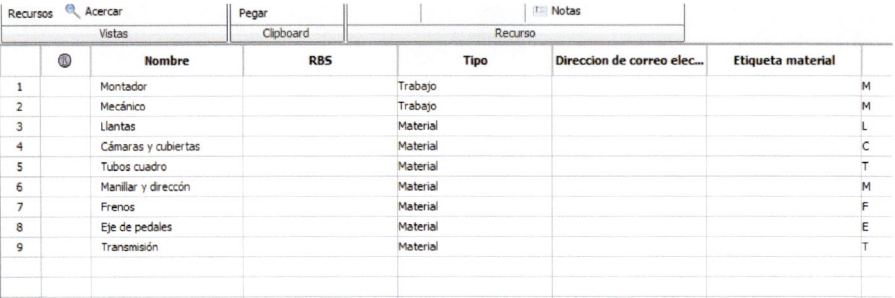

Importante: hay que rellenar también los campos de costes que aparecen desplazándonos a la derecha.

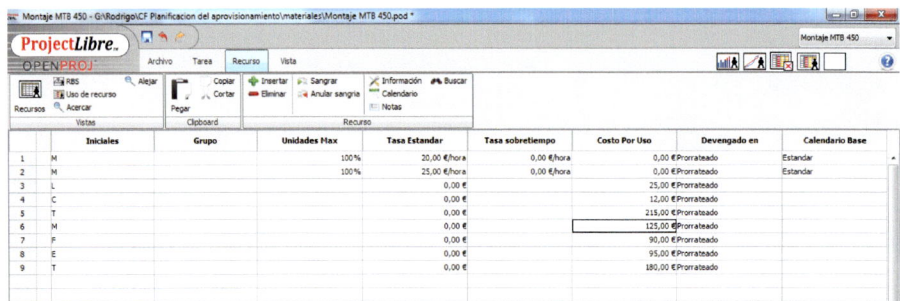

El campo RBS se rellena cuando existe jerarquía de recursos. Al ser un proyecto sencillo lo vamos a dejar en blanco al igual que el resto (grupo, correo electrónico, etcétera).

Para asignar los recursos a cada actividad volvemos a la vista Gantt. Aparece en el menú *Vistas.*

Hacemos doble clic en el campo recursos y asignamos las tareas en la pestaña *recursos*.

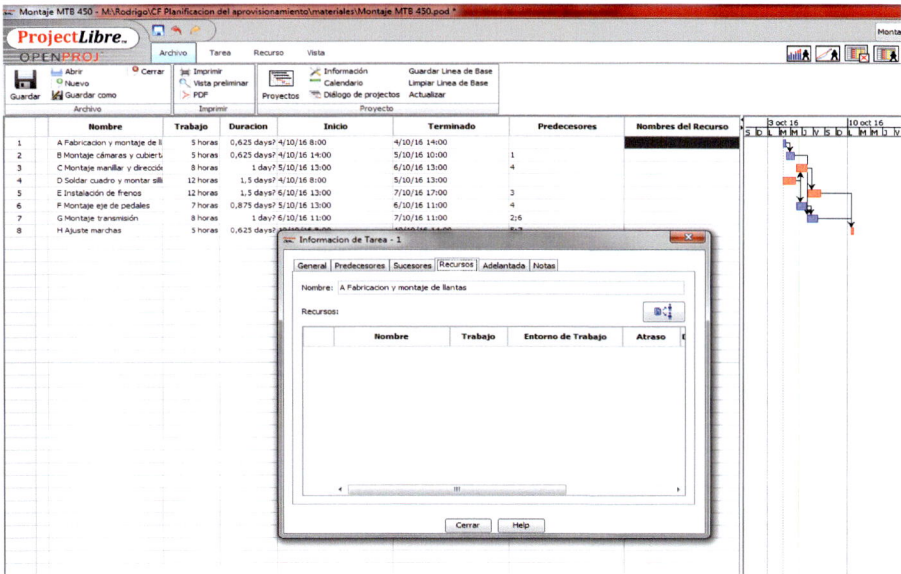

En el botón de la derecha (asignar recursos) hacemos doble clic en cada uno de los recursos que necesita la actividad.

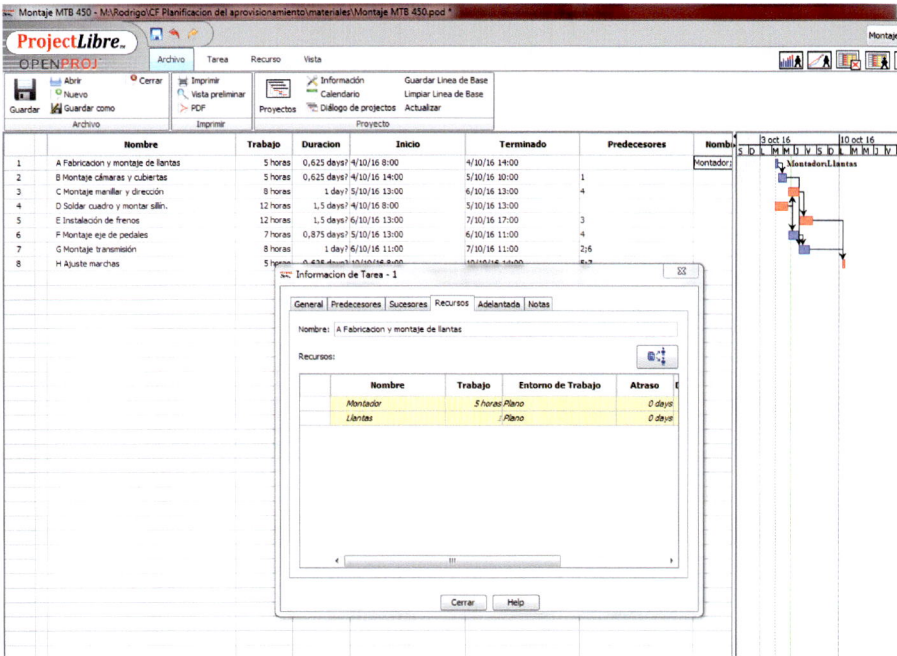

Los recursos de cada actividad son los siguientes:

- Materiales: los que necesita cada actividad. Por ejemplo, el montaje del manillar y la dirección tienen que tener asignado el recurso *manillar y dirección*.

- Trabajo: las actividades E, F, G y H necesitan un mecánico. El resto las realiza un montador.

La lista de actividades y el diagrama de Gantt debe quedar así:

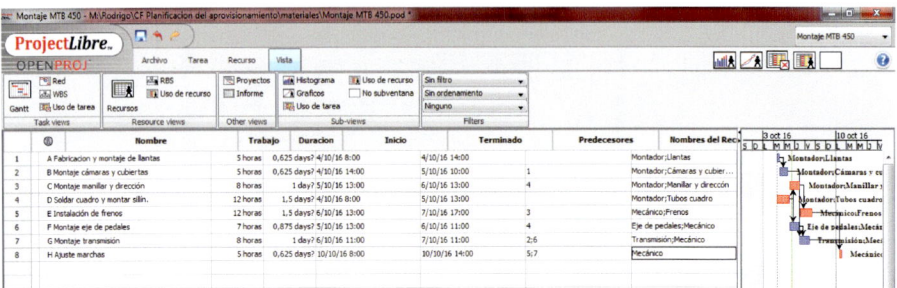

Ya hemos introducido todas las actividades y recursos, el proyecto ya está completo. Los gráficos y herramientas más útiles que nos proporciona la aplicación son las siguientes:

Red

Nos proporciona el gráfico PERT del proyecto, marcando el camino crítico en rojo.

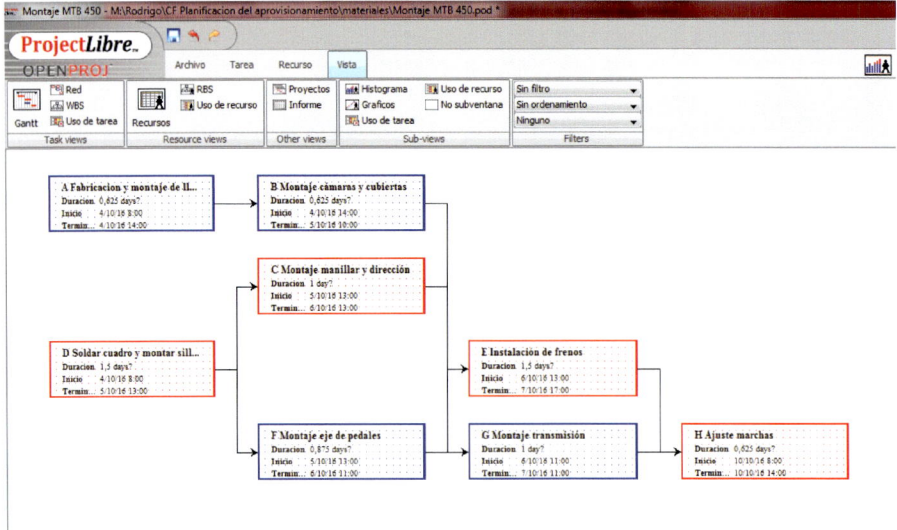

Uso de tarea

En este gráfico se muestra la utilización de recursos de cada tarea. La información se nos muestra en forma de lista a la izquierda y de calendario a la derecha. Mediante este gráfico podemos hacer una previsión de:

- Horas de trabajo que vamos a necesitar en cada día de cada puesto (mecánico y montador).

- Previsión de materiales. Unidades de materiales que vamos a necesitar cada día para montar la bicicleta.

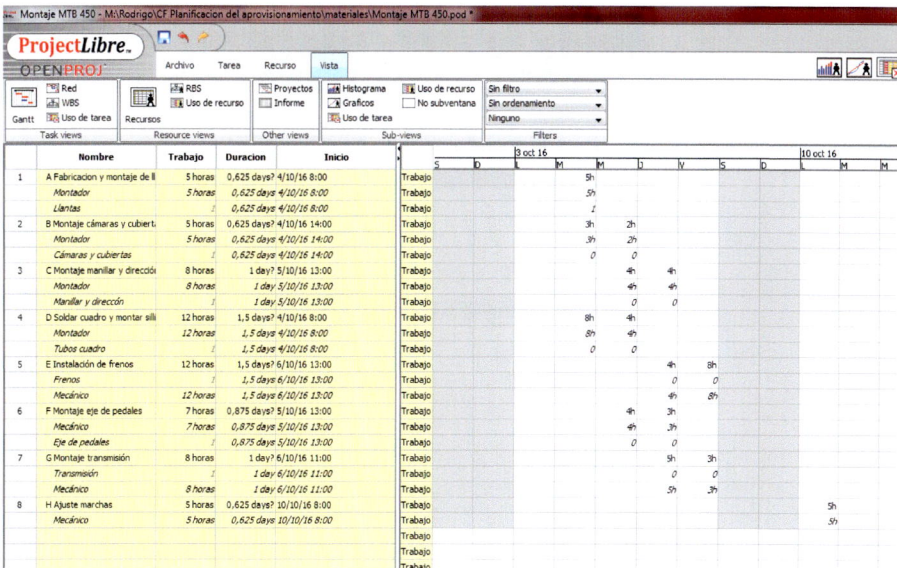

Informe

El informe es la vista que resume el proyecto. En ella aparece:

- Fechas de inicio y finalización. Es una opción muy útil para proyectos largos en los que tenemos una fecha de entrega.

- Duración.

- Horas de trabajo.

- Costes. Aquí aparece el coste total del proyecto. En el caso que estamos analizando es de 2142 €, es decir, no podremos vender la bicicleta por debajo de ese coste si queremos obtener beneficios. Este coste se puede reducir analizando el proceso de producción, viendo que actividades se pueden realizar simultáneamente, asignando tareas a distintos recursos, etc.

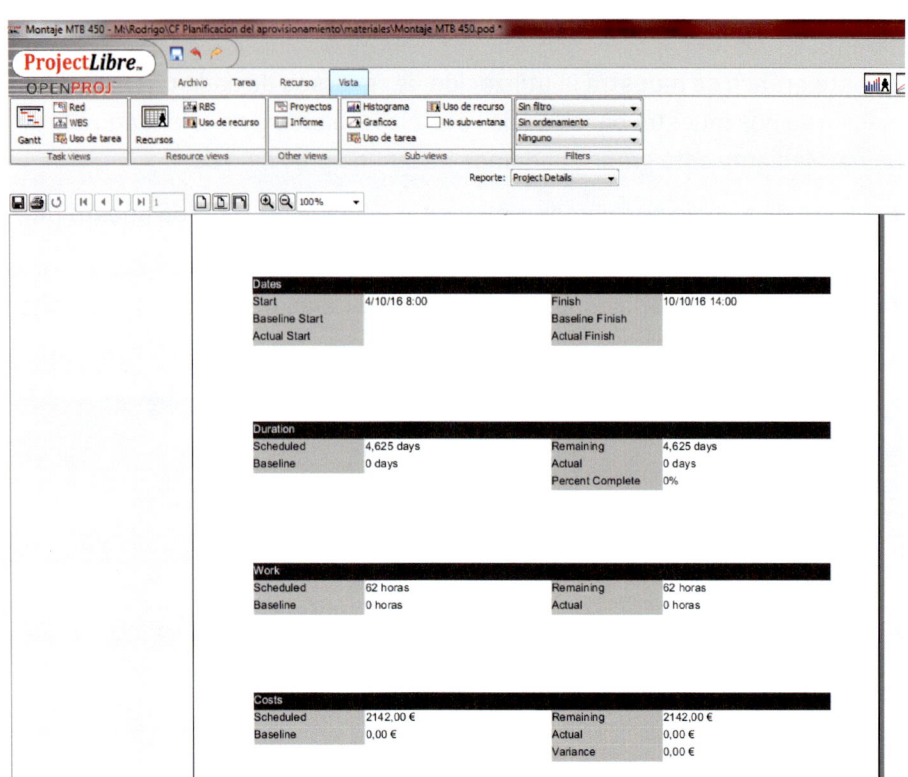

RESUMEN

- Un proyecto consiste en la planificación de un conjunto de actividades coordinadas e interrelacionadas que se emprende para crear un producto o servicio único.

- Las actividades de un proyecto deben ser medibles, tener un producto final como resultado, tener un comienzo y un final claro y su responsabilidad debe asignarse a una sola persona.

- Un cuello de botella es cualquier recurso cuya capacidad es menor que su demanda y limita la producción.

- Los tipos de restricciones que pueden limitar la producción son de mercado, de materiales, de capacidad, logísticas, administrativas y de comportamiento.

- Mediante el estudio de tiempos se calculan medias y desviaciones típicas del tiempo necesario para realizar una actividad.

- Los gráficos de Gantt permiten visualizar las actividades necesarias para realizar un proyecto y calcular la duración total del mismo.

- El método PERT y CPM además de representar un proyecto identifica el camino crítico y las actividades con alguna holgura.

- El método Roy o de los potenciales representa las actividades en los vértices y los arcos indican las relaciones de precedencia.

TEST

4.1. En un proyecto, una actividad:

    a. Su responsabilidad tiene que estar asignada a un grupo de personas.

    b. Debe ser medible en términos de cantidad del producto obtenido.

    c. Debe tener un principio y un fin claro.

    d. Todas las anteriores.

4.2. ¿Cuál de las siguientes informaciones no es necesaria para definir una actividad?

    a. Tareas siguientes.

    b. Tiempo estimado.

    c. Descripción de la tarea.

    d. Recursos necesarios.

4.3. Un cuello de botella:

    a. Es un recurso que limita la producción en un proceso determinado.

    b. Se produce cuando la capacidad de un recurso es superior a su demanda.

    c. Si eliminamos uno, desaparecen todos los obstáculos para llegar al máximo de producción.

    d. Todas las anteriores.

4.4. Cuando la producción está limitada porque no hay demanda suficiente tenemos una restricción:

    a. De capacidad.

    b. Logística.

    c. De comportamiento.

    d. De mercado.

4.5. En un diagrama de GANTT:

    a. Se representan las actividades de un proyecto en forma de barras verticales.

    b. Las actividades empiezan y terminan en nodos.

    c. Se utiliza un algoritmo para calcular los tiempos más tempranos y más tardíos.

    d. Ninguna de las anteriores.

4.6. En un diagrama PERT:

    a. Las actividades se representan en barras horizontales.

    b. Podemos estudiar el proceso de ensamblaje de un producto con las piezas necesarias.

    c. Podemos calcular las holguras de un proyecto o proceso de producción.

    d. Ninguna de las anteriores.

4.7. Si tenemos una actividad con una duración de 6 días y una holgura de 4:

    a. La actividad no está en el camino crítico.

    b. La actividad puede durar 10 días sin retrasar el proyecto.

    c. Si la actividad se retrasa 5 días, el proyecto sufre un retraso de 1 día.

    d. Todas las anteriores.

4.8. En el método Roy o de los potenciales:

    a. Las actividades se representan en los vértices.

    b. Las relaciones de precedencia se representan en los nodos.

    c. En los arcos ponemos las actividades.

    d. Todas las anteriores.

4.9. Si una empresa tiene limitada su producción por problemas de alta rotación de personal se produce una restricción:

    a. De materiales.

    b. Logística.

    c. De capacidad.

    d. Ninguna de las anteriores.

4.10. Si una actividad tiene un tiempo optimista de 4, un tiempo más probable de 5 y un tiempo pesimista de 8:

    a. Su varianza es 1.

    b. Su tiempo esperado es de 5.

    c. Si no hay problemas de producción lo normal es terminarla en 8 días.

    d. Ninguna de las anteriores.

ACTIVIDADES

4.1. La fabricación de un determinado artículo se compone de una serie de actividades, cuya duración y secuencia se muestran en la tabla adjunta:

Actividad	Duración (minutos)	Precedentes
A	25	--
B	30	--
C	40	A
D	15	B
E	20	D
F	35	C,E
G	5	C,E
H	40	G
I	30	F,G
J	5	H,I

Se pide:

1. Realiza un gráfico de Gantt que describa las actividades.

2. Representa el proceso mediante un grafo PERT-CPM.

3. Según el método anterior, calcula la duración total del proyecto, así como las holguras de las actividades.

4. Determina el camino crítico.

5. Si quisiéramos reducir el tiempo de fabricación, ¿qué actividades tendrías que analizar?

4.2. Utiliza Project Libre para informatizar el proyecto anterior. Los recursos necesarios para cada actividad son los siguientes:

- Materiales: las actividades A y F necesitan material A y material F, con un coste de 40 € y 80 € unidad respectivamente.

- Trabajo: las actividades A, D, F y G necesitan un supervisor con un coste de 21 € a la hora. El resto las realiza un montador con un coste de 18 € a la hora.

4.3. Al principio de la unidad se propuso una actividad consistente en la descripción de las actividades necesarias para cocinar una tortilla de patatas. Estudia la relación de precedencia de las distintas tareas y construye un gráfico PERT. Determina el camino crítico y la holgura de las distintas actividades.

4.4. Hemos hecho un análisis del proceso de producción de un determinado producto. Los resultados se muestran en la siguiente tabla:

Tarea	Tiempo optimista (a)	Tiempo más probable (m)	Tiempo pesimista (b)	Precedencia
A	8	10	12	
B	4	5	6	
C	8	8	8	A
D	10	11	18	B
E	6	12	18	B
F	6	7	8	C,D
G	6	8	10	C
H	5	5	5	E,F
I	8	10	12	G,H

Se pide:

1. Realiza un diagrama de Gantt del proceso de producción.

2. Haz un análisis mediante el método PERT-CPM. Calcula las holguras de las actividades.

3. ¿Cuál es la duración total del proceso productivo? ¿Qué actividades pueden retrasarse sin retrasar el proceso total?

4. Calcula la varianza y la desviación típica del proyecto.

5. Gestión de la producción y el aprovisionamiento

Introducción

En este capítulo y en el siguiente vamos a estudiar la importancia de relacionar las funciones de producción y aprovisionamiento. Ya vimos en el primer tema como la cadena de suministro tenía una serie de eslabones que tenían que actuar coordinadamente para conseguir que el producto llegue en las mejores condiciones al cliente final.

Parte fundamental de la gestión de la cadena de suministro son la producción y el aprovisionamiento. La producción debe realizarse de la forma más eficiente posible, y adaptarse a la demanda que tenemos en cada período. La gestión de aprovisionamiento tiene como objetivos principales satisfacer las necesidades del sistema productivo para no tener que interrumpirlo, y que el coste de este suministro de materiales no sea muy elevado. Para lograr sus objetivos, el aprovisionamiento debe realizarse cuando se requieren los materiales, y debe controlar que el *stock* de materias primas no sea muy elevado. Por este motivo la gestión de la producción y del aprovisionamiento tienen que realizarse de manera conjunta, entenderlas como dos funciones interdependientes.

Objetivos

— Establecer la importancia de la coordinación entre producción y aprovisionamiento.

— Establecer las funciones, fases y objetivos de la función de aprovisionamientos.

— Definir las características principales de los métodos de gestión de la producción.

— Establecer los distintos niveles de gestión de la producción.

— Determinar la influencia de las distintas variables que influyen en las necesidades y tipos de aprovisionamientos.

— Calcular el volumen óptimo de pedido de un determinado material.

— Calcular el coste de aprovisionamiento teniendo en cuenta el plazo de pago.

Contenidos

5.1. Concepto e importancia de la gestión de la producción y aprovisionamiento

Las empresas industriales necesitan materias primas para fabricar sus productos y no detener sus procesos de fabricación. La función de la logística encargada de poner a disposición de la empresa los materiales y productos necesarios para su funcionamiento es a lo que se denomina *aprovisionamiento*. La misión principal de la gestión del aprovisionamiento es cubrir las necesidades de materiales de la empresa, teniendo en cuenta sus prioridades competitivas en lo que se refiere de calidad, coste y tiempo.

La gestión del aprovisionamiento incluye dos funciones:

- **Compras**: es la parte de la gestión del aprovisionamiento encargada de adquirir los bienes y servicios a los proveedores.

- **Gestión de *stocks***: la gestión de los inventarios o *stocks* supone tomar decisiones sobre los niveles de artículos que se deben almacenar, las cantidades que tenemos que pedir al proveedor en cada pedido, el momento de emitir cada uno de estos pedidos, etcétera.

La función de aprovisionamiento va muy ligada a la de producción por varios motivos:

- El coste de los aprovisionamientos es parte fundamental del coste de producción del artículo.

- La calidad de los materiales con los que fabricamos un producto determina buena parte de la calidad del producto final.

- La gestión del proceso productivo requiere materiales en momentos precisos, tal como vimos en el tema anterior. Si los materiales no están disponibles cuando se necesitan, tendremos que retrasar la producción, o bien hacer pedidos extraordinarios con un coste superior.

- El exceso de materiales supone un coste elevado de almacenamiento, que acabará repercutiendo en el coste final del producto.

5.2. La política de aprovisionamiento en el marco de la empresa

A la hora de definir la política de aprovisionamiento, las empresas tienen que tener en cuenta una serie de aspectos, tales como:

5.2.1. Las funciones del aprovisionamiento

Como hemos visto anteriormente, el aprovisionamiento incluye dos funciones:

Compras. La función de compras tiene como misión fundamental satisfacer la demanda de materiales, componentes y suministros de las empresas. Dentro de esta función encontramos aspectos tan importantes como la búsqueda y selección de proveedores o la decisión sobre el tipo de compra que vamos a realizar para cada material y en cada momento. Sobre esta última cuestión, podemos distinguir varios tipos de compra:

- **Por punto de pedido**: en este caso, se realiza un pedido al proveedor cuando el *stock* de un determinado material o producto llega a un nivel determinado previamente.

- **Por programa**: cuando una empresa puede conocer las cantidades que va a necesitar en cada período, puede realizar un programa de aprovisionamiento donde se detallen las cantidades y momentos en que se realizarán las compras. Por ejemplo, un fabricante que ha realizado un plan de producción trimestral puede conocer las cantidades de componentes que necesitará en cada período.

- **Programas abiertos**: si las cantidades que se van a necesitar en cada período no se conocen con exactitud, se puede realizar un programa de aprovisionamiento abierto. En este programa se fijan las fechas en que se van a realizar los pedidos, pero las cantidades se van estableciendo posteriormente.

- **Pedidos esporádicos**: se realizan por una necesidad puntual.

- **Pedidos especulativos**: las compras especulativas se realizan para aprovechar una situación de precios bajos que es previsible que no vaya a continuar durante mucho tiempo.

Actividad propuesta 5.1.

Determinar qué tipo de compra se realizaría en cada caso:

- Latas de conserva en un supermercado.
- Combustible cuando se espera que vaya subir su precio en próximas semanas.
- Ladrillos para un promotor inmobiliario que va a construir 400 viviendas este año en un terreno de su propiedad.
- Acero para un astillero que acaba de recibir un encargo para la construcción de un buque. La construcción se prevé que dure ocho meses.
- Muñecas que se acaban de poner de moda en una juguetería.
- Pastillas de freno para un fabricante de automóviles.
- Carbón para una central eléctrica.

Gestión de *stocks*. Mediante esta función, las empresas intentan gestionar el inventario que tienen en el almacén. Administrar bien las existencias es fundamental para no quedarnos sin *stocks* además de controlar los costes asociados a un exceso de existencias. Gestionar el *stock* es tomar decisiones sobre los siguientes aspectos:

- **Stock de seguridad**: *stock* por encima del habitual que mantenemos por si el proveedor se retrasa en la entrega o por si la demanda de materiales aumenta por algún motivo imprevisto.

- **Lote de pedido**: número de unidades que pedimos al proveedor en cada pedido.

- **Punto de pedido**: nivel de *stock* a partir del cual hacemos un nuevo pedido al proveedor.

- **Organización del almacén**. Aparte de definir todas estas variables, en la gestión del *stock* tenemos que decidir sobre la forma en que vamos a organizar el almacén. Las decisiones a tomar tienen que ver con los sistemas de almacenaje, medios de manipulación de cargas, sistemas de localización y ubicación, etcétera.

Actividad propuesta 5.2.

Para un determinado material tenemos un consumo anual de 6000 Tm. Para atender este consumo hacemos un pedido de 500 Tm, cada vez que tenemos 100 Tm en el almacén. Para cubrir posibles retrasos del proveedor tenemos almacenadas 50 Tm más de las requeridas.

1. Determina el punto de pedido, *stock* de seguridad y lote de pedido que se ha establecido para este material.

2. ¿Cuántos pedidos hacemos al año? ¿Qué crees que pasaría si el lote de pedido fuera del doble del establecido?

5.2.2. Las fases del aprovisionamiento

El aprovisionamiento puede entenderse con un ciclo que comienza cuando se detectan las necesidades de materiales, y terminan cuando estos materiales se encuentran disponibles en al almacén y se incorporan al proceso de fabricación. En el momento que los aprovisionamientos se agotan y se vuelven a necesitar, comienza de nuevo el ciclo y así sucesivamente. Por tanto, podemos definir las siguientes fases en este ciclo:

1. **Detección de las necesidades**. Dependiendo del tipo de sistema de gestión de compras empleado, las necesidades pueden detectarse al comprobar que los *stocks* han a su punto de pedido, o bien las compras pueden estar ya programadas previamente. La cantidad a pedir dependerá del volumen de pedido fijado en la política de gestión de *stocks*.

2. **Búsqueda y selección de proveedores**. En esta fase buscamos los posibles proveedores para los materiales requeridos. Lo habitual es buscar en las bases de datos los proveedores habituales y buscar nuevos solo en caso de que no estemos satisfechos con los existentes.

3. **Negociación de condiciones**. Las condiciones se refieren a los precios de compra y otras condiciones económicas, calidad de los suministros, plazos de entrega, etc. Si estos aspectos ya están negociados por un período de tiempo largo, no será necesario este paso.

4. **Pedido**. Existen muchas formas de hacer el pedido: telefónicamente, a través del correo electrónico, mediante aplicaciones informáticas que conectan al proveedor y el cliente, etcétera.

5. **Preparación y transporte**. Una vez el proveedor ha recibido el pedido procede a su preparación. Esta preparación consiste en comprobar la disponibilidad de los materiales solicitados, pedir u ordenar la fabricación de los que no estén disponibles y agrupar y embalar el pedido una vez esté completado. Una vez el pedido está preparado se procederá a su envío.

6. **Recepción**. Una vez ha llegado el pedido al cliente, este procede a su inspección y verificación para observar posibles anomalías u errores. Esta inspección dependerá del tipo de relación que mantengamos con el proveedor, pudiéndose incluso eliminar en caso de relaciones de confianza a largo plazo (proveedor- colaborador).

A lo largo del ciclo de aprovisionamiento se genera una serie de documentos que hay que elaborar y archivar. En la Figura 5.1 podemos ver cuáles son estos documentos:

• **El pedido**. Documento mediante el cual solicitamos aprovisionamientos de un proveedor, por tanto, lo realizará el comprador (cliente).

• **El albarán**. Documento que elabora el proveedor, y se le entrega al cliente junto con el pedido. El albarán es una prueba de la entrega de mercancías.

• **La factura**. La factura es un documento que acredita legalmente la operación de compraventa. Las leyes mercantiles obligan a todos los empresarios y profesionales a emitir facturas por las operaciones que realicen, así como conservar copia de las mismas, aunque puede sustituirse por un *ticket* cuando la venta se realiza a un comprador que no actúa en condición de empresario.

- **Nota de abono**. Se trata de una factura rectificativa, que se realiza cuando el vendedor tiene que devolver algún importe al comprador con motivo de algún error, alguna devolución o descuentos que se realizan después de haber emitido la factura (por ejemplo, descuentos por volumen o *rappels*).

- **Pago**. Una vez recibido el pedido y la factura correspondiente, se procederá a su pago en las condiciones y plazos fijados a través de cheques, transferencias, letras de cambio, efectivo u otros medios.

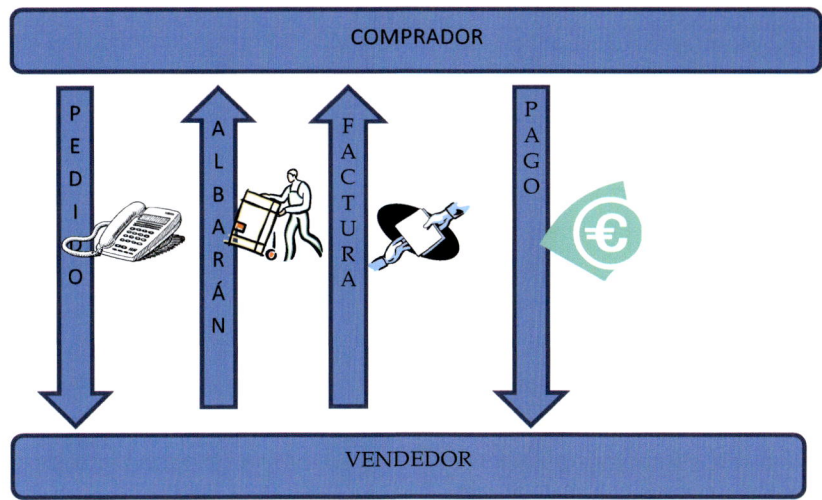

Figura 5.1. El ciclo de documentos de la compraventa.

5.2.3. Objetivos de la función de aprovisionamientos. Incidencia sobre la gestión de *stocks*

La función de aprovisionamientos tiene como misión fundamental satisfacer la demanda de materiales, componentes y suministros de las empresas al mínimo coste. Las prioridades competitivas son las que definen los objetivos que deben perseguirse en la gestión de compras. Estos objetivos son:

- Que el precio de adquisición sea lo más bajo posible.

- Que la entrega sea en el momento justo, y en la cantidad adecuada.

- Que se mantengan los niveles de calidad definidos.

- Junto a estos, podríamos señalar otros tales como que los bienes suministrados sean respetuosos con el medio ambiente o que sean fabricados siguiendo un código ético.

La gestión de *stocks* debe ir ligada también a las prioridades competitivas. De nada sirve perseguir un precio de adquisición lo más bajo posible cuando almacenamos demasiados productos. De igual manera, cuando la prioridad es no quedarnos sin existencias, se busca almacenar por encima de lo necesario.

5.2.4. Métodos de gestión de la producción

Como vimos en temas anteriores, existen muchos métodos para producir los bienes y servicios. Cada método exige una planificación de materiales distinta. De cara a esta planificación podemos distinguir tres tipos de gestión de la producción.

Producción planificada

En este caso se realiza un plan de producción donde se establecen las cantidades que se van a fabricar en cada período, en función de las previsiones de demanda que realiza el departamento de ventas. Vimos en temas anteriores que esta producción se puede realizar adaptándose a la demanda (estrategia de caza) o intentando fabricar una cantidad fija para que los recursos necesarios sean estables (estrategia de nivelación). En cualquier caso, en función de la producción de cada período se establece un plan de aprovisionamientos para cumplir con los planes establecidos. Para esta labor se emplean técnicas como el MRP *(Material Requirement Planning),* que estudiaremos en el tema siguiente.

Producción por demanda

La producción por demanda se inicia cuando tenemos un pedido en firme. Este tipo de producción se basa en los sistemas *pull* y en la filosofía *just in time.* Para evitar un exceso o rotura de *stocks*, en lugar de basarnos en previsiones de demanda, el proceso productivo comienza cuando el cliente hace un pedido. En este momento comienza la fabricación del producto y la previsión de materiales necesarios para su fabricación. De esta manera conseguimos que los aprovisionamientos sean solo los necesarios, reduciendo los *stocks* de materiales al mínimo imprescindible.

Los procesos productivos basados en la demanda deben ser rápidos y flexibles, permitiendo adaptarse a los cambios en las necesidades de los clientes. Los productos que se venden en este tipo de procesos tienen varias opciones para adaptarse a los gustos del consumidor, pero sin renunciar a las ventajas de la estandarización. Por ejemplo, en un vehículo el cliente puede elegir la versión del automóvil, los extras que quiere que tenga, el color de la pintura, etc., pero los motores, carrocería y otros elementos son los que el fabricante tiene disponibles.

En el caso de la producción por demanda, se intenta también nivelar los recursos en función de las previsiones de demanda de cada período.

Producción multiproyecto de estudio

Este tipo de procesos se basa en la producción por proyecto. En el caso anterior, el sistema permite cierta personalización del producto, en este caso el bien o servicio está totalmente personalizado. La producción multiproyecto se inicia cuando el cliente solicita el bien o servicio. En ese momento se inicia la planificación del proyecto, haciendo una previsión de los materiales y recursos que vamos a necesitar en cada fase del proyecto. Para ello se emplean las técnicas de gestión de proyectos vistas en el tema anterior (PERT, Gantt, etc.).

Actividad resuelta 5.1.

Describe las distintas formas que puede emplear una empresa dedicada a la construcción de viviendas para gestionar su producción según las tres formas vistas anteriormente. Establece la forma en que se planificarían los materiales para cada una de ellas.

Solución:

- **Producción planificada**: en este caso se realizaría un estudio de demanda y se empezarían a construir las viviendas según los metros cuadrados, calidades y equipamientos que se prevé que van a demandar los clientes. En función de esta previsión se establecerían las distintas fases de construcción, y para cada fase se realizaría una previsión de materiales y recursos necesarios.

- **Producción por demanda**: a diferencia del caso anterior, se ofrecería a los clientes una serie de viviendas en las que se permite decidir sobre sus características más básicas. Cuando ya se tienen pedidos en firme se comienzan a construir según las características que ha demandado cada cliente. En función del número de viviendas solicitadas se hace un programa de aprovisionamientos de cada material y una planificación de los recursos necesarios para cumplir con la demanda.

- **Producción multiproyecto**: los clientes especifican todas las características que desean para su vivienda. Según estas características se realiza un plano individualizado y se comienza la construcción, haciendo una planificación de los materiales y recursos que vamos a necesitar para cada fase del proyecto.

5.3. Niveles de gestión de la producción

Como vimos en el primer tema, la producción se va planificando de forma jerárquica, es decir, se comienza planificando la producción a largo plazo para ir poco a poco detallando los requerimientos de materiales y producciones intermedias requeridas en el más corto plazo. En la figura se puede observar cómo se realiza esta planificación.

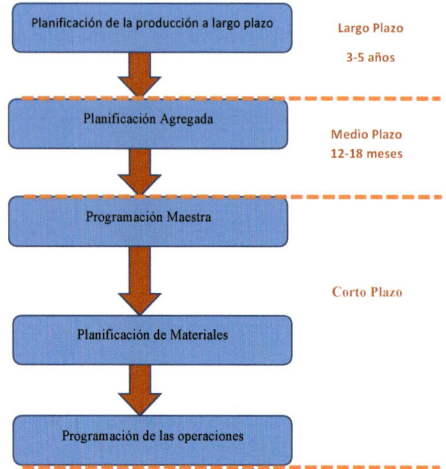

Figura 5.2. Etapas en la planificación de la producción.

5.3.1. Programa director

Para planificar la producción se comienza con la **planificación a largo plazo**. En este plan se establecen sobre todo las estrategias a seguir sobre capacidad, tipos de procesos productivos, instalaciones, etc. Se trata de decisiones estratégicas, es decir, con vistas a plazos de 3 a 5 años.

Una vez realizado el plan director, se procede a realizar la **planificación agregada**. Dicha planificación la vimos en el tema 2, y consiste en establecer los niveles de producción por familias de artículos, con un horizonte temporal de 12 a 18 meses, y tomando como base la predicción de la demanda para cada período de tiempo (meses, trimestres…). La planificación agregada funciona también como un presupuesto, pues en ellas se establecen los costes de producción de cada familia de productos.

El siguiente paso en la planificación de la producción es la **programación maestra**. En el plan maestro, se distribuye la producción en cubos de tiempo (semanas, días) y se determinan las cantidades que se deben producir en cada uno de esos períodos.

5.3.2. Determinación de las necesidades o requerimientos de material

En la planificación de la producción establecida en los programas anteriores hemos decidido las cantidades que vamos a producir en cada plazo de tiempo. Una vez realizada esta planificación, el siguiente paso es determinar las necesidades o requerimientos de materiales necesarios para cumplir con el plan maestro (último nivel de planificación de la producción). Estas necesidades se planifican en el MRP, que estudiaremos en profundidad en el tema siguiente.

5.3.3. Orden de pago y seguimiento y control de flujos

Una vez realizada la previsión de materiales y comenzado la ejecución del plan, los siguientes pasos en la gestión de la producción serían los siguientes:

- **Orden de pago:** consiste en comprobar las facturas emitidas por los proveedores y ordenar el pago de las mismas en los plazos y medios negociados.

- **Seguimiento y control de flujos**: es necesario llevar un control tanto de los flujos de materiales (recepciones, elaboraciones intermedias, movimientos internos de materiales, etc.), como de los flujos de información y documentación generada (albaranes, pedidos, facturas, etcétera).

5.4. Variables de influencia en las necesidades de aprovisionamiento

Existen muchas variables a considerar a la hora de determinar las necesidades y políticas de aprovisionamiento de las empresas. Algunas de las más importantes son las que se describen a continuación.

5.4.1. El volumen de pedido

El volumen de pedido es la cantidad que se pide al proveedor cada vez que hacemos un pedido. Una misma necesidad de aprovisionamiento puede ser satisfecha con muchos pedidos de poca cantidad o con pocos de mucho volumen. Para definir la opción más convenientes hay tener en cuenta que:

- Los pedidos grandes suponen un alto coste de almacenaje, pues incrementan el *stock* medio.

- Los pedidos pequeños no aprovechan convenientemente los medios de transporte, además de tener un coste administrativo superior.

Para calcular el lote de pedido más adecuado para cada material hay que tener en cuenta los siguientes grupos de coste:

Costes de almacenaje: costes en que incurre la empresa por el hecho de mantener existencias en el almacén. Los costes de almacenaje se suelen medir en costes por unidad almacenada (Ca), de tal manera que el coste total de almacenaje será el resultado de multiplicar el coste por unidad almacenada por el *stock* medio.

$$\text{Coste total de almacenaje} = C_a \cdot \left(\frac{Q}{2} + ss \right)$$

Como es lógico, cuanto mayor sea el *stock* medio, mayor será el coste total de almacenaje.

Costes de aprovisionamiento o emisión de pedidos: realizar un pedido conlleva una serie de gastos, tales como el transporte, el coste administrativo, etc. El coste de emisión total será el coste de emitir un pedido (Cp) por el número de pedidos que hagamos. El número de pedidos que hacemos por unidad de tiempo será de demanda del material en ese período (D) entre el lote de pedido (Q):

$$\text{Coste de emisión total} = (D/Q) \cdot C_p$$

El coste de aprovisionamiento disminuirá cuanto menor sea el número de pedidos que hagamos, es decir, cuanto más grande sea el lote de pedido.

Actividad propuesta 5.3.

Una empresa tiene los siguientes datos sobre un determinado material:

- Consumo anual = 5000 unidades.
- Coste de almacenaje unitario = 5 €/unidad.
- Coste de emitir un pedido = 18 €/pedido.
- Lote de pedido = 500 unidades.

Se pide:

1. Calcula los costes totales de emisión de pedidos, los costes totales de almacenaje y los costes totales de gestión de *stocks*.
2. Si el lote de pedido fuera de 400 unidades, calcula los nuevos costes que tendría la empresa.

Como se dijo anteriormente, los costes de emisión de pedidos eran menores cuanto mayores eran los lotes de pedido, mientras que los costes de almacenaje son menores cuanto menor es este lote. El lote económico de pedido (Q*) es el lote que minimiza los costes totales de gestión de *stocks*. Vamos a verlo con un ejemplo.

Actividad resuelta 5.2.

Una empresa tiene para un determinado material un coste de emisión de un pedido (Cp) de 30 €/ pedido, un coste de almacenaje unitario (Ca) de 1 €/unidad, una demanda anual de 100.000 unidades y un *stock* de seguridad de 50 unidades.

Los costes del artículo son los siguientes:

$$\text{Coste emisión anual total} = 30 \cdot \frac{100\,000}{Q}$$

$$\text{Coste de almacenaje anual total} = 1 \cdot \left(\frac{Q}{2} + 50 \right)$$

$$\text{Coste anual de gestión de } stocks = 30 \cdot \frac{100\,000}{Q} + 1 \cdot \left(\frac{Q}{2} + 50 \right)$$

Si vamos dando valores a Q, obtenemos la siguiente tabla:

Q	Coste emis.	Coste almac.	Coste total
500	6000 €	300 €	6300 €
1000	3000 €	550 €	3550 €
1500	2000 €	800 €	2800 €
2000	1500 €	1050 €	2550 €
2500	1200 €	1300 €	2500 €
3000	1000 €	1550 €	2550 €
3500	857 €	1800 €	2657 €
4000	750 €	2050 €	2800 €

Como se puede observar en la tabla, los costes totales van disminuyendo a medida que aumenta el volumen de pedido, hasta llegar a un mínimo en aproximadamente Q= 2500 unidades, momento a partir del cual los costes totales comienzan a subir. Por tanto, sabemos que el lote económico de pedido (Q*) estará en torno a las 2500 unidades.

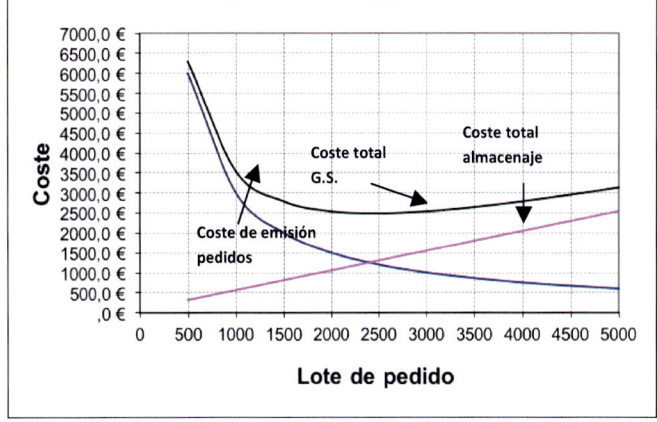

Figura 5.3. Los costes de gestión de *stocks*.

Para calcular matemáticamente el lote económico de pedido se emplea la denominada fórmula de Wilson. Dicha fórmula se deduce de derivar e igualar a 0 la función de los costes totales de gestión de *stocks*, con la finalidad de hallar su mínimo. Según esta fórmula:

$$Q^* = \sqrt{\dfrac{C_p \cdot D \cdot 2}{C_a}}$$

Figura 5.4. Fórmula de Wilson.

Actividad resuelta 5.3.

Calcula para los datos del ejercicio anterior:

1. El lote económico de pedido del artículo.

2. El tiempo de reaprovisionamiento.

3. El coste total de almacenaje y de emisión de pedidos del artículo.

Solución:

$$Q^* = \sqrt{\dfrac{30 \cdot 100.000 \cdot 2}{1}} = 2449 \text{ unidades}$$

El lote económico es de 2449 unidades. Por supuesto, habría que redondear el lote según la unidad de carga. Si, por ejemplo, los pedidos se hicieran en palés de 500 unidades, se tendrían que hacer los pedidos de cinco palés cada uno.

El número de pedidos que haríamos al año sería:

$$\text{Número de pedidos} = \dfrac{D}{Q} = \dfrac{100\,000}{2449} = 40,83$$

Tomando el año comercial de 360 días:

$$\text{Tiempo de reaprovisionamiento} = \dfrac{360}{40,83} = 8,82 \text{ días}$$

Quiere decir que aproximadamente cada nueve días tendremos que hacer un pedido nuevo al proveedor.

Los costes anuales de este producto serían:

$$\text{Coste de emisión de pedidos} = 30 \cdot \dfrac{100\,000}{2449} = 1225 \text{ €/año}$$

$$\text{Coste de almacenaje} = 1 \cdot \left(\dfrac{2449}{2} + 50 \right) = 1275 \text{ €/ año}$$

Coste total de gestión de *stocks* = 1225 €+ 1275 € = 2500 € al año.

Actividad propuesta 5.4.

Un artículo tiene una demanda mensual de 500 unidades. El precio que cobra el proveedor es de 45 € unidad, y la tasa de mantenimiento del *stock* del 10 %. Si cada pedido cuesta 50 €, calcula:

1. Los costes de almacenaje, de emisión de pedidos y de gestión de *stocks* para un lote de pedido de 100, 200, 300, 400 y 500 unidades.

2. El lote óptimo de pedido.

3. El tiempo de reaprovisionamiento.

5.4.2. El coste de adquisición

Otra de las variables que determinan las políticas de aprovisionamiento son los costes adquisición de los materiales. El coste de adquisición suele expresarse por unidad, y para calcularlo tenemos que tener en cuenta:

1. Precio unitario de cada artículo.

2. Descuentos: se restan del importe de la factura. Existen varios tipos:

   - Comerciales: se suelen aplicar a los precios de las tarifas del proveedor, en función del tipo de cliente.

   - Por pronto pago: se aplican sobre el importe de la factura para incentivar a los clientes que pagan en los plazos más cortos. Se estudiarán en el epígrafe siguiente.

   - Por volumen o *rappels*: puede ser acumulativo cuando se aplica para todas las compras realizadas durante un período de tiempo, o no acumulativo, cuando se aplica a las compras realizadas en un solo pedido.

3. Otros costes ligados a la adquisición. Existen diversos gastos que el proveedor puede incluir o no en sus facturas para repercutírselos al cliente, tales como el transporte (portes y fletes), envases y embalajes, seguros, etcétera.

Actividad resuelta 5.4.

Cálculo del coste de adquisición de distintas ofertas de proveedores

Supongamos que una empresa tiene las siguientes ofertas para adquirir un determinado componente para la fabricación de su producto:

Condiciones	Proveedor 1	Proveedor 2	Proveedor 3
Precio compra	510 €	450 €	420 €
Descuento comercial	7%	0%	2%
Transporte y otros	Cuenta vend	700 €/ 100 un	800 €/ 50 un
Rappels (acumulativos por compras anuales)	10 % + 1000 und	8 % + 5000 und	0
Plazo de entrega	30 días	60 días	Pago a la entrega
Descuento pronto pago	No	2 %	No

En la siguiente tabla podemos ver calculado el coste de adquisición unitario para cada proveedor.

	Proveedor 1	Proveedor 2	Proveedor 3
Precio compra	510,00 €	450,00 €	420,00 €
Descuento comercial	35,70 €	0,00 €	8,40 €
Transporte y otros	0,00 €	7,00 €	16,00 €
Total sin *rappel*	474,30 €	457,00 €	427,60 €
Rappels	51,00 €	36,00 €	0,00 €
CA 0-999 un	474,30 €	457,00 €	427,60 €
CA 1000-4.999 un	423,30 €	457,00 €	427,60 €
CA Más de 5.000	423,30 €	421,00 €	427,60 €

Los cálculos son los siguientes:

- Descuento comercial: se aplica sobre el precio de compra.

- Transporte y otros: el proveedor 1 no los repercute. El proveedor 2 cobra 700 € por cada 100 unidades, es decir, 700 €/100 = 7€ por cada unidad. Del mismo modo, el proveedor 3 cobra 800 € por cada 50 unidades, es decir, 80 €/5 = 16 € unidad.

- Total sin *rappel*: precio de compra-descuentos+transporte.

- *Rappel*: se aplica también sobre el precio de compra.

- Coste de Adquisición (CA): es el coste sin *rappel* menos el *rappel* correspondiente, en función de las unidades compradas.

A simple vista, las opciones más económicas son:

- El proveedor 3, con un coste de adquisición de 427,60 €/unidad si las compras no permiten aprovechar ningún rappel.

- El proveedor 1, con un coste de adquisición de 423,30 €/unidad si las compras son superiores a 1000 unidades e inferiores a 4999.

- El proveedor 2, con un precio de adquisición de 421 €/unidad si compramos más de 5000 unidades al año.

Actividad resuelta 5.5.

Cálculo del coste de adquisición de un programa de aprovisionamiento

Una empresa ha recibido dos ofertas de distintos proveedores para el aprovisionamiento anual de un material. Las necesidades anuales de este material son de 4500 kg, haciéndose cinco pedidos de 900 kg cada uno.

Las condiciones son las siguientes:

	Proveedor 1	Proveedor 2
Precio compra	10 €/kg	12 €/kg
Descuentos	5%	4 %
Transporte y embalajes	2 €/kg	1 €/kg
Rappels	10 % acumulativo por más de 3000 kg	12 % no acumulativo por pedidos de más de 500 kg

El coste de aprovisionamiento anual de ambos proveedores sería el siguiente:

	Proveedor 1	Proveedor 2
Precio de compra	10,00 €	12,00 €
Descuento	0,50 €	0,48 €
Transporte	2,00 €	1,00 €
Rappel	1,00 €	1,44 €
Total C A por kg	10,50 €	11,08 €
Total anual	47 250 €	49 860 €

Los costes se han calculado según el procedimiento visto en este apartado. Cabe hacer las siguientes consideraciones:

1. ***Rappels***: tanto en el proveedor 1 como en el 2 aplicarían los *rappels*. En el caso del proveedor 1, los descuentos son acumulativos y los pedidos **anuales** son superiores a 3000 kg (4500 kg). El proveedor 2 aplica *rappels* no acumulativos (por pedido), y el lote de pedido es de 900 kg, cantidad que supera los 500 kg establecidos para aplicar el descuento.

2. **Total anual**: el coste total anual de adquisición del material se calcula multiplicando el coste unitario por las cantidades que vamos a necesitar (4500 kg).

5.4.3. El plazo de pago

El plazo de pago es el tiempo que trascurre desde que se entrega la mercancía hasta que se abona su importe. Cuando queremos comparar pagos que se producen en distintos momentos, debemos actualizarlos al momento actual, es decir, buscar su equivalencia financiera. A esta operación se le denomina descuento. Suponiendo un tipo de interés simple, la fórmula a emplear es la siguiente:

$$V_0 = \frac{V_f}{1 + ix\frac{d}{360}}$$

Donde V0 es el valor actual que queremos calcular, Vf el importe del pago futuro, i el tipo de interés al que se financia la empresa y de los días de aplazamiento.

Por ejemplo, si un proveedor ofrece pagar una factura de 1500 € a 30 días y el tipo de interés de la empresa es del 10 % el valor actual o equivalente en el momento 0 es:

$$V_0 = \frac{1500\ €}{1+0,1x\frac{30}{360}} = 1487,6\ €$$

En este caso, para la empresa sería indiferente pagar 1500 € a su proveedor dentro de 30 días o 1487,6 € al contado.

Actividad resuelta 5.6.

Consideración de los plazos de pago.

Supongamos que las compras anuales de la empresa de la actividad resuelta 5.5 son de 500 unidades, y por tanto no podemos aprovechar ningún *rappel* de los proveedores. Las opciones son las siguientes:

Plazo	Proveedor 1	Proveedor 2	Proveedor 3
0 días		447,86 €	427,60 €
30 días	474,30 €		
60 días		457,00 €	

En el caso del proveedor 2, si se paga en 0 días hay un descuento por pronto pago del 2 %.

Como los pagos se producirían en momentos distintos habría que tener en cuenta el tipo de interés al que se financia la empresa. Si este tipo de interés es del 9 %, la equivalencia de los pagos al momento actual, empleando la fórmula vista en el tema serían las siguientes:

Proveedor 1	Proveedor 2 pagando a 0 días	Proveedor 2 pagando a 60 días	Proveedor 3
470,77 €	447,86 €	450,24	427,60 €

Como se puede ver en el ejemplo, los plazos de pago de una determinada compra son fundamentales para comprobar su coste efectivo. Siempre será más conveniente que los plazos sean lo más largos posibles, salvo si existen descuentos por pronto pago o el proveedor cobre intereses por aplazar que incentiven el pago al contado.

5.4.4. El plazo de aprovisionamiento

El plazo de aprovisionamiento o de entrega del proveedor es el tiempo que transcurre desde que hacemos un pedido hasta que se recibe la mercancía. Este tiempo incluye el tiempo de realizar y enviar el pedido, el tiempo de preparación del pedido, el tiempo de transporte y el tiempo de recepción de las mercancías.

Si se consigue reducir este tiempo de pedido, se conseguirá almacenar menos cantidad de productos. Por otro lado, si este plazo de entrega es uniforme y no existen retrasos frecuentes, el *stock* de seguridad a mantener es menor.

TEST

5.1. ¿Cuá de las siguientes funciones no se incluye dentro de lo que se conoce como gestión de aprovisionamientos?

    a. Gestión de *stocks.*

    b. Gestión de compras.

    c. Gestión de la distribución.

    d. Todas las anteriores se incluyen en la gestión de aprovisionamientos.

5.2. El tipo de compra más adecuado para los productos de demanda independiente es:

    a. Por programa abierto.

    b. Por programa cerrado.

    c. Compras especulativas.

    d. Por punto de pedido.

5.3. Cuando pensamos que el precio de un aprovisionamiento va a subir, se suelen hacer pedidos:

    a. Especulativos.

    b. Esporádicos.

    c. Programados.

    d. Ninguno de los anteriores.

5.4. El nivel de *stock* a partir del cual hacemos un pedido al proveedor se denomina:

    a. Lote de pedido.

    b. *Stock* de seguridad.

    c. *Stock* de ciclo.

    d. Punto de pedido.

5.5. En cuál de los siguientes tipos de producción hacemos un pedido totalmente personalizado:

    a. Producción planificada.

    b. Producción por demanda.

    c. Producción multiproyecto.

    d. Producción MRP.

5.6. El volumen óptimo de pedido:

a. Minimiza los costes totales de gestión de *stocks.*

b. Es el que hace que los costes de emitir pedidos sean lo más bajos posibles.

c. Permite que la cantidad de existencias sea la que optimiza el espacio del almacén.

d. Todas las anteriores.

5.7. Si tenemos una demanda de 1000 unidades al año y el lote de pedido es de 100:

a. Hacemos 10 pedidos al año.

b. Hacemos un pedido cada 36 días aproximadamente.

c. Si no hay *stock* de seguridad, el *stock* medio es de 50 unidades.

d. Todas las anteriores.

5.8. Cuando un proveedor nos hace un descuento por llegar a un volumen de compras, esto se denomina:

a. Descuento comercial.

b. Descuento por pronto pago.

c. Descuento por aprovisionamiento.

d. Ninguna de las anteriores.

5.9. El plazo desde que hacemos un pedido hasta que lo tenemos en el almacén se denomina:

a. De entrega.

b. De aprovisionamiento.

c. De transporte.

d. Ninguna de las anteriores.

5.10. Si un proveedor nos permite aplazar un pago, esta opción es preferible:

a. Siempre.

b. Solo si ofrece un descuento por pronto pago.

c. Siempre que no ofrezca un descuento por pronto pago.

d. Ninguna de las anteriores.

RESUMEN

- La misión principal de la gestión del aprovisionamiento es cubrir las necesidades de materiales de la empresa, teniendo en cuento sus prioridades competitivas en lo que se refiere de calidad, coste y tiempo.

- La gestión del aprovisionamiento incluye dos funciones, compras y gestión de *stocks*.

- Las compras de productos con demanda independiente suelen realizarse por punto de pedido. Cuando la demanda es dependiente se realizan por programas, ya sean abiertos o cerrados.

- Para gestionar el *stock,* hay que tomar decisiones sobre el *stock* de seguridad, y puntos y lotes de pedido.

- El aprovisionamiento puede entenderse con un ciclo que comienza cuando se detectan las necesidades de materiales, y termina cuando estos materiales se encuentran disponibles en al almacén y se incorporan al proceso de fabricación.

- La función de aprovisionamientos tiene como misión fundamental satisfacer la demanda de materiales, componentes y suministros de las empresas al mínimo coste.

- En la producción planificada se realiza un plan de producción donde se establecen las cantidades que se van a fabricar en cada período, en función de las previsiones de demanda que realiza el departamento de ventas.

- La producción por demanda se inicia cuando tenemos un pedido en firme. En el caso de la producción multiproyecto se realiza un producto totalmente personalizado utilizando las herramientas de gestión de proyectos.

- La planificación de la producción tiene estructura jerárquica y comienza con los planes a más largo plazo.

- El volumen óptimo de pedido es el lote de pedido que minimiza el coste total de gestión de *stocks*.

- El coste de adquisición de las existencias tiene en cuenta el precio de compra y todos los descuentos y gastos adicionales que ocasiona una compra.

- El plazo de pago es el tiempo que trascurre desde que hacemos la compra hasta que se procede al pago de su importe.

- El plazo de aprovisionamiento o de entrega del proveedor es el tiempo que transcurre desde que hacemos un pedido hasta que se recibe la mercancía.

ACTIVIDADES

5.1. En el tema se han descrito tres formas de gestionar la producción.

- Planificada.

- Por demanda.

- Multiproyecto de estudio.

Explica cómo se desarrollaría la producción en cada una de las formas propuestas para la confección de trajes de novia. Establece la forma en que se planificarían los materiales para cada una de ellas.

5.2. Una empresa tiene los siguientes costes de gestión de *stocks* para un producto:

- Administración de pedidos: 40 € por pedido.

- Transporte: 100 € pedido.

- Coste de almacenaje unitario: 60 €.

Las necesidades anuales de este material son de 1000 unidades.

Calcula y representa gráficamente:

- El coste de pedido, de almacenaje y total para un lote de pedido de 20, 40, 60, 80 y 100 unidades.

- El lote óptimo de pedido, el tiempo de reaprovisionamiento y el coste total de gestión de *stocks*.

5.3. Una empresa dedicada a la fabricación de sistemas de iluminación está seleccionando un proveedor para adquirir 1500 proyectores led 10 W de luz blanca en cinco pedidos de 300 unidades. Las ofertas económicas recibidas de tres proveedores son las siguientes:

Condiciones	IGH S.A.	Hermanos González S.L.	Led Import S.A.
Precio compra (un)	40 €	39 €	42 €
Descuentos	2 %	0	1 %
Transporte y otros	1 € unidad	0,5 € unidad	0
Rappels	7 % + 1000 un (acumulativo)	10 % +500 un (no acumulativo)	0
Muestras defectuosas	0	0	1

Plazo pago	30 días	60 días	90 días
Descuento pronto pago	0	5 %	2 %
Duración media	3 años	2 años y ocho meses	3 años y cinco meses
Certificaciones calidad	Ninguna	ISO 9001	ISO 9001
Garantía	2 años	2 años	2 años
Plazo de entrega	3 días	8 días	1 día
Pedidos realizados	500	0	1500

Se pide:

1. Calcular el coste de adquisición unitario y anual de cada proveedor.

2. Determinar el coste de adquisición unitario teniendo en cuenta el plazo de pago.

5.4. Una empresa dedicada a la repostería ha previsto producir y distribuir 5000 tartas de manzana durante este año. Cada tarta necesita 2 kg de manzana.

Para hacer la previsión de costes de aprovisionamiento de este año dispone de los siguientes datos:

- Coste de emisión de pedidos: 60 €/pedido.

- Coste de almacenaje unitario: 5 €/kg.

- Coste de adquisición unitario: 50 €/kg.

- *Rappels* (no acumulativos): 2 % por más de 300 kg y 4 % de 500 kg en adelante.

- El proveedor sirve los pedidos en cajas de 100 kg.

Calcula:

1. El lote óptimo de pedido, el tiempo de reaprovisionamiento y el coste total de gestión de *stocks*.

2. El coste total de adquisición de manzanas para este año.

6. Planificación de requerimientos y necesidades de producción

Introducción

En esta unidad vamos a ver distintos métodos y técnicas de gestión de planificación de las necesidades de aprovisionamientos que se requieren para cumplir con un plan de producción. Dentro de estos métodos destaca el conocido como MRP *(Material Requirement Planning)*. Mediante el MRP podemos traducir las necesidades de producción de un período de tiempo, en necesidades de materiales y elaboraciones de productos intermedios. El objetivo principal es establecer un programa que coordine producción y aprovisionamiento, de tal modo que no se produzcan *stocks* excesivos ni retrasos por no tener mariales disponibles.

Aparte del MRP, existen otras técnicas de gestión de la producción y del aprovisionamiento, que más que herramientas de planificación, son una filosofía de trabajar y organizar la cadena de suministro. Dentro de ellas encontramos el *just in time* que supuso una revolución en la forma de producir automóviles en las factorías japonesas después de la Segunda Guerra Mundial.

Objetivos

— Entender la finalidad y objetivos del MRP.

— Definir y elaborar los elementos de entrada de un MRP.

— Realizar planes de materiales y aprovisionamientos empleando un sistema MRP.

— Establecer los requerimientos de recursos empleando MRP II.

— Emplear aplicaciones informáticas para el desarrollo de un MRP.

— Describir los objetivos y procedimientos del *just in time,* así como sus diferencias con los sistemas de gestión de la cadena de suministro anteriores.

Contenidos

6.1. Fundamentos y conceptos de un sistema MRP *(Material Requirement Planning)*

6.2. Estructura básica de un sistema MRP

6.3. Funcionalidades básicas de un MRP

6.4. Requerimientos de recursos productivos (MRP II)

6.5. Otros métodos *(just in time)*

6.6. Optimización de la cadena de suministro

6.1. Fundamentos y conceptos de un sistema MRP *(Material Requirement Planning)*

El MRP es un procedimiento de planificación de componentes de fabricación, que traduce el plan maestro de producción en necesidades reales de materiales, en fechas y cantidades. El MRP funciona como un sistema de información que gestiona el reabastecimiento de productos de demanda dependiente. Como ya vimos en temas anteriores, existen varios tipos de artículos en función de su tipo de demanda.

- Demanda independiente. Son aquellos productos cuya demanda depende exclusivamente del mercado.

- Demanda dependiente. Su demanda depende de los productos de demanda independiente, pues son los componentes necesarios para su fabricación.

- Demanda mixta. Se produce cuando los productos son componentes de otros, pero también se venden en el mercado. Una empresa dedicada a la venta de ordenadores también puede vender discos duros u otros componentes en el mercado.

El MRP sirve para planificar las necesidades de productos de demanda dependiente, puesto que la demanda independiente ya se ha plasmado en el plan maestro de producción, que es la base para el MRP.

6.1.1. Objetivos del MRP

El MRP se materializa en un *software* que cumple un triple objetivo en la gestión del aprovisionamiento.

1. Asegurar que los materiales y producciones intermedias estén disponibles para la fabricación de los productos que demandan los clientes.

2. Mantener los niveles de inventarios necesarios para la producción, y que estos no sean excesivos.

3. Planear las actividades de producción, fechas y horarios de entrega y gestión de compras.

6.1.2. Beneficios del MRP

Dentro de los beneficios de emplear un sistema MRP podemos encontrar los siguientes:

1. Disminución de inventarios. En el MRP planificamos qué cantidad requerimos de cada componente y cuándo se va a necesitar. Gracias a esta planificación no es preciso disponer de inventarios excesivos de cada componente, ahorrando en costes de almacenaje.

2. Reducción y cumplimiento de los tiempos de entrega. Gracias al estudio de la elaboración del producto y a la planificación de las entregas de materiales podemos prever con exactitud las fechas de entrega de los productos terminados.

3. Coordinación entre los departamentos de producción y aprovisionamientos. El MRP es un *puente* entre ambas funciones.

4. Incremento de la productividad. Gracias a MRP se evitan tiempos ociosos por una mala organización de la producción o por falta de materiales.

6.2. Estructura básica de un MRP

Para desarrollar un MRP se tienen que disponer de una serie de elementos de entrada, que son su punto de partida. A través de estas entradas, el MRP produce una serie de salidas, que son los planes e informes que sirven para planificar los aprovisionamientos.

6.2.1. Flujo del proceso

En el siguiente esquema podemos observar los elementos de entrada y salida de un MRP.

Figura 6.1. Flujo del proceso del MRP.

6.2.2. Elementos de entrada de un MRP

Como se puede observar en el gráfico, los elementos que necesitamos para elaborar un MRP son los siguientes.

- Plan maestro de producción. Se conoce más por sus siglas en inglés: *Master Production Scheduling* (MPS).
- Árbol del producto y lista de materiales (BOM).
- Registro de inventarios.

En los siguientes apartados vamos a ver detalladamente cada uno de ellos.

El plan maestro de producción

Como vimos en el segundo tema, el plan agregado de producción es una base para determinar las cantidades a producir en el medio plazo, en función de las restricciones de capacidad, demanda, y costes de producción. El plan agregado se concreta en el plan maestro de producción, que determina cuantos productos finales se deben elaborar en cada período de tiempo.

Para realizar el plan maestro (MPS), se distribuye la producción en cubos de tiempo (semanas, días) y se determinan las cantidades que se deben producir en cada uno de esos períodos.

Actividad resuelta 6.1.

Elaboración de un plan maestro de producción.

Continuemos con el caso visto en el tema 2, cuando elaboramos un plan agregado de producción para la empresa Grownland. Vamos a tomar en consideración el plan agregado de la estrategia de caza. La composición de la familia de cereales para el desayuno es la siguiente:

30 % Copos de maíz.
45 % Trigo inflado.
25 % Arroz tostado.

El plan maestro de producción por semanas para enero y febrero para la familia de cereales de desayuno sería el siguiente:

MES	ENERO				FEBRERO			
PLAN AGREGADO	1.960				1.960			
SEMANA	1	2	3	4	5	6	7	8
COPOS MAÍZ	147	147	147	147	147	147	147	147
TRIGO INFLADO	221	221	221	221	221	221	221	221
ARROZ TOSTADO	123	123	123	123	124	124	124	124

En el plan maestro se ha divido la producción del plan agregado de los dos meses por familias, según el porcentaje especificado, y esta producción se ha divido entre las cuatro semanas. Estas son las bolsas de cereales que deben elaborarse de cada tipo de producto.

El plan maestro de producción también se puede elaborar a partir del DRP (*Distribution Requirement Plannig*). En este caso, se realiza una planificación completa de todas las necesidades de aprovisionamiento y distribución de la empresa. Este proceso parte de las necesidades de productos terminados de toda la cadena de distribución, y concluye con la planificación de los materiales necesarios para cumplir con esas necesidades. Todo esto lo veremos en el tema siguiente.

El árbol del producto y la lista de materiales

El siguiente elemento necesario para realizar el MRP es la lista de materiales *(bill of materials)*. En esta lista se determina la cantidad de materiales y elaboraciones intermedias necesarias para la fabricación del producto final. Cuando los productos son complejos y tienen muchos componentes, pueden emplearse los árboles de productos. Estos árboles son esquemas donde se codifican los distintos elementos desde el nivel 0 (producto terminado) hasta el material más básico. A continuación, vemos un ejemplo de árbol de producto para un ordenador.

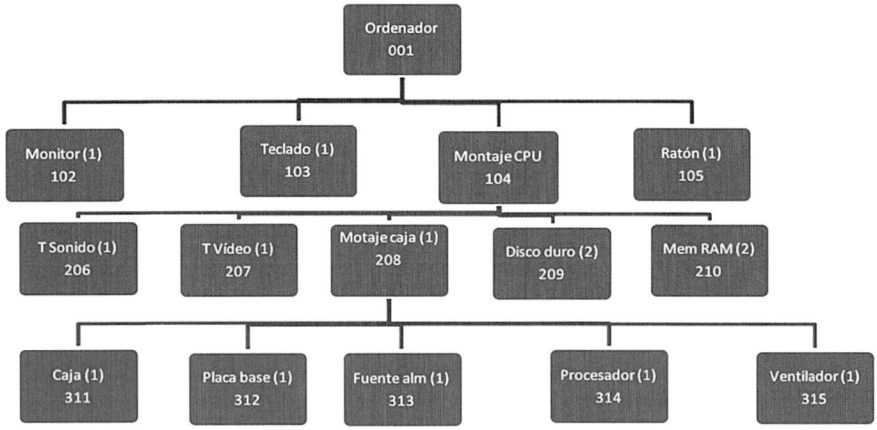

Figura 6.2. Ejemplo de árbol de producto.

Como se puede observar en el árbol:

1. Las piezas se han codificado según el nivel que ocupan, comenzando por el producto terminado (ordenador). El ordenador se considera el nivel 0.

2. El montaje se inicia por el nivel 3, consiguiendo un producto que se denomina montaje caja (208). De esta forma, se van añadiendo componentes en los distintos niveles, hasta completar el producto final. Entre paréntesis se ha escrito la cantidad de componentes necesarios para cada unidad de producto terminado.

A partir del árbol, podemos elaborar la lista de materiales para el ordenador (001).

Código pieza	Descripción	Cantidad	Nivel
102	Monitor	1	1
103	Teclado	1	1
104	Montaje CPU	1	1
105	Ratón	1	1
206	T sonido	1	2
207	T Vídeo	1	2
208	Montaje caja	1	2
209	Disco duro	2	2
210	Memoria RAM	2	2
311	Caja	1	3
312	Placa base	1	3
313	Fuente alimentación	1	3
314	Procesador	1	3
315	Ventilador	1	3

Figura 6.3. Ejemplo de lista de materiales.

Como se puede observar, necesitamos una pieza de cada material por cada ordenador, salvo de la memoria RAM y el disco duro, que se precisarían 2.

Actividad propuesta 6.1.

Elaboración del árbol del producto y la lista de materiales.

Grownland emplea los siguientes ingredientes para elaborar las bolsas de arroz tostado:

- Arroz (10 kg).

- Chocolate, compuesto de 2 kg de azúcar, 1 kg de manteca de cacao y 1 kg de cacao en polvo.

- Malta de cebada (1 kg).

- Bolsas plástico (1 unidad).

Elabora el árbol del producto y la lista de materiales del producto.

Registro de inventarios

La última entrada que necesitamos para elaborar el MRP es el registro de inventarios. En el registro de inventarios es donde tenemos actualizado el *stock* de cada artículo, además de los datos sobre su *stock* de seguridad, entradas y salidas, etcétera.

6.2.3. Elementos básicos de salida de un MRP

El principal resultado de un MRP es el **plan de materiales**. En este plan se determinan:

- Las cantidades y momentos en que se van a necesitar los distintos materiales y las elaboraciones intermedias.
- Las fechas en que se tienen que realizar los pedidos para que se encuentren disponibles cuando se necesiten.

Junto al plan de materiales, el MRP proporciona otros informes secundarios, tales como los datos de transacción de inventarios, con los que podemos realizar un seguimiento del cumplimiento del plan de materiales.

6.3. Funcionalidades básicas de un MRP

En este apartado vamos a hacer un estudio con un ejemplo práctico de cómo se elabora un MRP, describiendo los distintos pasos y cálculos necesarios para llegar a la planificación y lanzamiento de los materiales.

6.3.1. Cálculo de los requerimientos netos

En el MRP se definen las siguientes variables:

- **Necesidades Brutas (NB):** son las necesidades de fabricación o de componentes derivados de la planificación maestra.
- **Recepciones programadas (RP):** son los pedidos o producciones realizadas en el pasado y que se espera recibir o tener terminadas en el período actual.
- **Disponible (D):** productos disponibles al principio del período.
- *Stock* **de seguridad (SS).**
- **Necesidades netas (NN):** son las cantidades necesarias para satisfacer las necesidades brutas.

$$NN = NB + SS - D - RP.$$

6.3.2. Definición del tamaño del lote

Las necesidades netas calculadas deben tener en cuenta el tamaño del lote de pedido del proveedor o del cliente. Para ello definimos las **necesidades netas teniendo en cuenta el lote de pedido**.

NNL= redondeo por exceso al tamaño del lote de las NN.

Por ejemplo, un cliente puede solicitar envíos en palés de 500 unidades y un proveedor de un material puede servir sus pedidos en camiones completos de 30 Tm. Lo que haremos será redondear por exceso las necesidades netas al tamaño del lote.

A continuación, vamos a desarrollar un ejemplo de cómo se calculan todas estas cantidades para elaborar un plan de materiales.

Supongamos que el árbol de un producto y sus datos de inventarios son los siguientes:

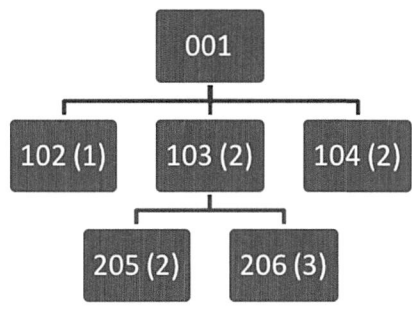

Código	LOTE	D	SS	RP
001	20	100	50	200
102	50	50	50	100
103	10	20	20	0
104	1	30	40	100
205	30	20	10	0
206	50	40	50	0

Según la planificación maestra, tenemos que producir 500 unidades a la semana del producto. Los requerimientos de fabricación del mismo serían los siguientes:

001				
SEMANA	1	2	3	4
NB	500	500	500	500
D	100	60	60	60
RP	200	0	0	0
NN	250	490	490	490
NNL	260	500	500	500

Necesidades brutas (NB): son las 500 unidades que se deben fabricar según la planificación maestra.

Disponible (D): para la primera semana son 100 unidades. Para las siguientes, siempre se calculan las unidades disponibles al final del período anterior. Para la semana 2 serían las siguientes:

$$D2= D1+RP1+NNL1-NB1 =100+200+260-500 =60.$$

Necesidades netas (NN): según la fórmula vista anteriormente, en la primera semana son:

$$NN1=NB1+SS-D1-RP1 =500+50-200=250.$$

Necesidades netas teniendo en cuenta el lote (NNL): redondeamos el dato anterior al tamaño del lote por exceso (20 unidades). Son las unidades del producto que tenemos que fabricar.

6.3.3. Explosión de materiales e iteración

Mediante **la explosión de materiales** convertimos la demanda independiente en demanda dependiente. Esto se realiza gracias al árbol del producto y/o la lista de materiales, donde vamos estableciendo el orden de ensamblaje y las cantidades requeridas de cada material o elaboración intermedias requeridas. Mediante el proceso de **iteración**, siguiendo el mismo proceso que hemos realizado para calcular las necesidades de productos terminados, vamos a determinar las necesidades de cada material o elaboración.

Para ello, las necesidades brutas de cada artículo se calculan a partir de las NNL del producto (fila sombreada). Viendo el árbol del producto, podemos observar que necesitamos una unidad del componente 102 para fabricar el producto, y dos del 103 y el 104. Por eso las NB de estos dos componentes son las NNL del producto multiplicadas por dos.

MRP Nivel 2

102				
SEMANA	1	2	3	4
NB	260	500	500	500
D	50	90	90	90
RP	100	0	0	0
NN	160	460	460	460
NNL	200	500	500	500

103				
SEMANA	1	2	3	4
NB	520	1000	1000	1000
D	20	20	20	20
RP	0	0	0	0
NN	520	1000	1000	1000
NNL	520	1000	1000	1000

104				
SEMANA	1	2	3	4
NB	520	1000	1000	1000
D	30	40	40	40
RP	100	0	0	0
NN	430	1000	1000	1000
NNL	430	1000	1000	1000

Del mismo modo, podemos calcular las necesidades de los componentes 205 y 206 a partir de las NNL del componente 103 (la fila sombreada), del que dependen, multiplicadas por dos y por 3 respectivamente.

205				
SEMANA	1	2	3	4
NB	1040	2000	2000	2000
D	20	30	10	20
RP	0	0	0	0
NN	1030	1980	2000	1990
NNL	1050	1980	2010	2010

206				
SEMANA	1	2	3	4
NB	1560	3000	3000	3000
D	40	80	80	80
RP	0	0	0	0
NN	1570	2970	2970	2970
NNL	1600	3000	3000	3000

El resumen de las necesidades de componentes para el mes de enero del producto (plan de lanzamiento) es el siguiente:

Código	1	2	3	4
001	260	500	500	500
102	200	500	500	500
103	520	1000	1000	1000
104	430	1000	1000	1000
205	1050	1980	2010	2010
206	1600	3000	3000	3000

Estas son las necesidades de componentes de producción y materiales para cada semana de enero.

Actividad propuesta 6.2.

Elaboración del MRP para Grownland

Tomando en cuenta la programación maestra de la actividad resuelta 6.1 y el árbol de materiales que se elaboró en la actividad 6.1, realiza la planificación de materiales para la familia de arroz tostado.

Los datos de los componentes y productos terminados de esta familia son los siguientes:

Componente	LOTE	D	SS	RP 1
Arroz tostado (bolsas)	50	100	120	0
Arroz (Kg)	500	150	180	0
Chocolate (Kg)	1	20	80	0
Azúcar (Kg)	100	100	50	100
Manteca de cacao (Kg)	20	20	10	0
Cacao en polvo (Kg)	10	40	50	0
Malta de cebada (Kg)	20	20	40	0
Bolsas (unidades)	100	10	20	0

6.3.4. Desfase en el tiempo

En el ejemplo anterior hemos supuesto que los plazos de entrega y fabricación *(lead time)* son 0. Si miramos el primer componente (102), podemos observar que en la semana 1 necesitamos 200 unidades y en la semana 2, 2500. Si el plazo de entrega o de fabricación *(lead time)* es de 2 semanas, ya teníamos que haber comenzado la producción para tenerlo disponible cuando se necesita.

Vamos a ver cómo sería el MRP teniendo en cuenta los *lead times*. Supongamos que tenemos un producto 001 con la siguiente composición.

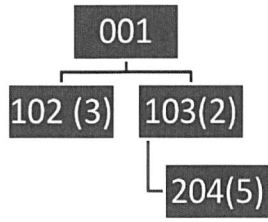

Los datos de cada producto y componente son los siguientes:

Código	LOTE	D	SS	RP 1	RP2	Lead
001	20	100	50	700	700	1
102	50	150	150	0	1600	2
103	10	200	250	350	350	1
204	1	400	450	800	800	2

El MRP del producto terminado para un período de seis semanas es el siguiente:

001						
SEMANA	1	2	3	4	5	6
NB	600	750	600	500	400	550
D	100	200	150	50	50	50
RP	700	700				
NN	0	0	500	500	400	550
NNL	0	0	500	500	400	560
NNL lead time	0	500	500	400	560	0

- Las necesidades brutas según el MPS son las que se establecen en la primera fila.

- Las necesidades netas y, las necesidades netas teniendo en cuenta el tamaño del lote, se calculan según las fórmulas desarrolladas en esta unidad:

$$NN1 = NB1 + SS - D1 - RP1 = 600 + 50 - 100 - 700 = -150.$$

Como el resultado es negativo, en la primera semana no se necesita producir ninguna cantidad.

- Las unidades disponibles (D) se calculan según el procedimiento visto en el ejemplo anterior. Para el primer período, son las 100 unidades que aparecen en la tabla. Para los siguientes se emplea la siguiente fórmula:

$$D2 = D1 + RP1 + NNL1 - NB1 = 100 + 700 + 0 - 600 = 200.$$

- Las necesidades netas teniendo en cuenta el *lead time* (NNL *lead time*) se calculan moviendo a la derecha las NNL tantas celdas como semanas sea su *lead time*. Si necesitamos 500 unidades en la semana 3, y el plazo de producción es de una semana, tendremos que empezar a producirla en la semana 2.

A partir de la fila de las NNL *lead time*, podemos calcular las necesidades de materiales y componentes (explosión de materiales).

Para el nivel 1, las necesidades serían las siguientes:

102						
SEMANA	1	2	3	4	5	6
NB	0	1500	1500	1200	1680	0
D	150	150	250	150	150	170
RP	0	1600	0	0	0	0
NN	0	0	1400	1200	1680	0
NNL	0	0	1400	1200	1700	0
NNL lead time	1400	1200	1700	0	0	0

103						
SEMANA	1	2	3	4	5	6
NB	0	1000	1000	800	1120	0
D	200	550	250	250	250	250
RP	350	350	0	0	0	0
NN	0	350	1000	800	1120	0
NNL	0	350	1000	800	1120	0
NNL *lead time*	350	1000	800	1120	0	0

Las necesidades brutas de cada material se han determinado multiplicando por tres y por dos (ver árbol del producto) las NNL teniendo en cuenta el *lead time* del producto final. El resto de cálculos se realizan con el procedimiento visto anteriormente.

6.4. Requerimientos de recursos productivos (MRP II)

Mediante el MRP visto en los apartados anteriores definimos la producción y materiales necesarios para cumplir con el programa maestro de producción (MPS). El MRP II va un paso más allá, pues también planifica los recursos de producción necesarios para cumplir con la producción planeada.

6.4.1. Descripción del MRP II

El sistema MRP II (*Manufacturing Resource Planning*) es un sistema que proporciona la planificación y control de todos los recursos de la producción, es decir, de todos los elementos que se necesitan para cumplir con el plan maestro de producción (no solo los materiales como el MRP). De esta manera, el MRP II da respuesta a las siguientes preguntas:

• Cuánto se va a producir.

• Cuándo se va a producir.

• Cuáles son los recursos que disponemos para ello.

6.4.2. Ámbito del MRP II

Los sistemas MRP II han sido orientados sobre todo para la identificación de los problemas de capacidad. Para ello, el primer paso es realizar el plan de previsión de capacidad (*Capacity Requirements Plannig*). Mediante este plan, se hace una evaluación detallada, por centro de trabajo y período considerado, del tiempo necesario para fabricar los artículos establecidos en los planes MRP. De esta manera, se puede observar si es posible cumplir con el MRP, o, si por el contrario, es preciso mover las cargas de trabajo entre distintos períodos. En el siguiente gráfico se puede observar la estructura del funcionamiento del MRP II.

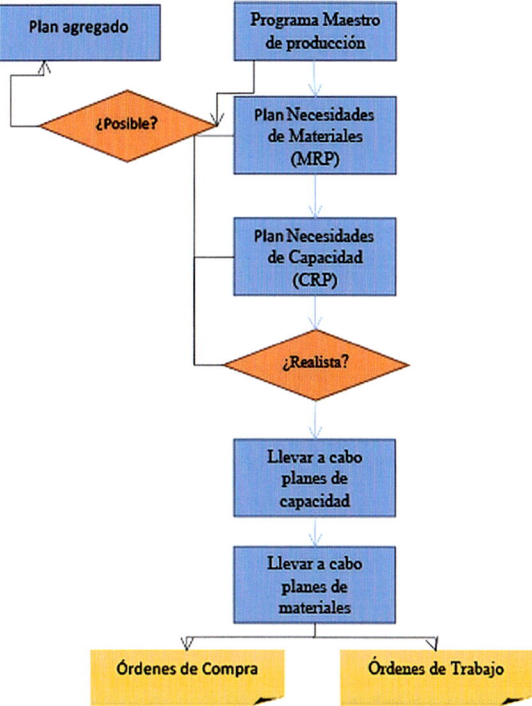

Figura 6.5. Funcionamiento del MRP II.

6.5. Aplicaciones de gestión de la producción informática

Como se ha visto a lo largo del tema, la planificación de la producción es una tarea compleja y en la que intervienen multitud de variables. Por este motivo, las empresas emplean aplicaciones informáticas para el desarrollo de esta tarea.

6.5.1. Funcionalidades de las aplicaciones de gestión de la producción: ficheros e informes

La elaboración de un MRP puede realizarse mediante una sencilla hoja de cálculo. Cuando ya hablamos de planear los recursos, capacidad, etc., las aplicaciones informáticas que se emplean son más complejas. Estas aplicaciones pueden realizarse a medida de la empresa, o emplear *software* que ya se comercializa en el mercado.

Los ficheros que suelen emplear estas aplicaciones son los siguientes:

1. Materiales necesarios para la producción (costes, cantidades, *lead time*, *stock* de seguridad, etcétera).

2. Fichero de proveedores.

3. Recursos disponibles. Maquinaria, herramientas y mano de obra. También se incluye un calendario con la disponibilidad de cada recurso, así como los costes asociados.

4. Otros. Fichas de mantenimiento de la maquinaria, definición de materiales alternativos, etcétera.

Las funciones que realizan estos programas varían mucho en función de sus características, pero las más comunes son:

1. Planificación de los requerimientos de material (MRP).
2. Planificación de los recursos de producción (MRP II).
3. Lanzamiento de órdenes de fabricación y órdenes de pedidos.
4. Control de las roturas de *stocks* y cálculo de los lotes óptimos.
5. Trazabilidad de materiales y asignación a órdenes de producción.
6. Informes sobre costes de producción. Comparación de costes teóricos y reales.
7. Otros. Niveles de inventario, control de pedidos, etcétera.

6.6. Otros métodos. *Just in time*

Los sistemas de gestión de la producción tradicionales buscaban obtener la máxima utilización de su capacidad instalada. Por ello, los inventarios se acumulaban con el objetivo de no parar el proceso productivo.

Esto suponía que el tiempo de fabricación de los productos se alargaba, manteniendo además un *stock* elevado de productos en espera de algún proceso de fabricación.

A partir de los años 70 el modelo de gestión tradicional entra en crisis, con la irrupción de las técnicas de fabricación más eficientes introducidas en muchas empresas japonesas, sobre todo del sector del automóvil. Dichas técnicas consiguen producir bienes de mayor calidad a bajo coste, con lo que en poco tiempo las exportaciones de productos japoneses inundan los mercados mundiales. Dentro de esta nueva filosofía, el sistema *just in time* es un agente destacado.

La técnica JIT tiene como objetivo que se compre o se produzca el número de unidades que se necesite, en el momento en que se necesite, para satisfacer la demanda del producto.

La filosofía JIT parte de la idea de que los inventarios existen solo para prevenir problemas, tales como los retrasos del proveedor, paradas del sistema productivo, etc. Si estos inventarios desaparecen, los problemas saldrán a la luz y podrán ser solventados.

Actividad propuesta 6.4.

El sistema *just in time* fue diseñado por el ingeniero japonés Taiichi Ohno y apli-
cado por primera vez en las factorías de Toyota. Su principio básico es reducir
inventarios, adquiriendo materias primas solo cuando hay una línea de producción lista para trabajar.

En un país como Japón, donde el suelo industrial es escaso, tener mucho *stock*
de un producto supone un coste elevado, además del riesgo de obsolescencia
que supone. Tener existencias elevadas de materiales y productos semiterminados también evita ver los problemas de un proceso productivo. Averías frecuentes, productos que se desechan por estar defectuosos o cualquier otro
problema en las líneas de producción no saldrán a la luz si tenemos un *stock*
que actúa como «colchón».

Desde su primera implementación, el sistema ha sido adoptado por industrias
muy diversas, donde adaptarse a la demanda y reducir inventarios es clave
para su negocio. Algunos de los ejemplos más típicos son los siguientes:

- **Industria de la moda:** la moda cambia muy frecuentemente y hay que estudiar constantemente las tendencias del mercado para vender lo que real-
  mente se está demandando y no llenar los almacenes con telas y prendas
  pasadas de moda.

- **Sector de la restauración:** muchos de los productos almacenados en este
  sector son altamente perecederos, por lo que es preciso hacer una buena
  previsión de demanda o, incluso, vender bajo reserva o pedido.

- **Construcción:** en este sector es frecuente que se hagan los pedidos de materiales en función de la demanda y el momento en que se van necesitando
  a medida que avanzan las obras.

Se pide:

1. Busca un ejemplo de empresas o industrias donde se aplique la gestión
   just in time. Explica los beneficios que se consiguen.

2. Busca en internet el significado de los siguientes términos asociados a la
   filosofía JIT y describe cómo se podrían utilizar en la empresa o industria
   que has buscado en el apartado anterior:

   - TPM (mantenimiento total productivo).

   - SMED (sistema de cambio rápido de procesos).

   - Control Visual. Las 5S.

   - Sistemas Poka-Yoke.

Otra característica del sistema JIT es que se trata de un sistema *pull* o de tirón. Esto significa que es el pedido del cliente el que inicia el proceso de producción del producto. Los sistemas tradicionales se basan en un sistema *push*, lo cual quiere decir que a partir de la previsión de demanda se fabrica el nivel de producción requerido, eliminando el *stock* a través de la fuerza de ventas. Esto supone aumentar el *stock* de productos terminados en espera de encontrar comprador.

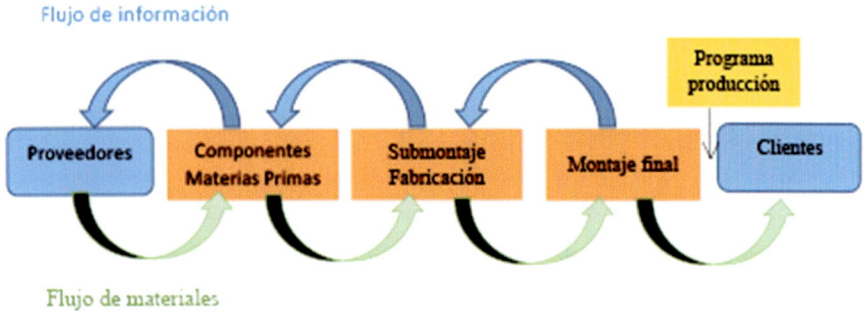

Figura 6.6. Sistema *pull*.

Otro objetivo del sistema JIT es la reducción del despilfarro. Este objetivo se materializa en la teoría de los cinco ceros:

- **Cero inventario**: los *stocks* no añaden valor al producto, y además, impiden aflorar los problemas de la organización. Si tenemos *stocks* para solucionar los retrasos de un proveedor, no solucionaremos el problema real, que es tener un proveedor poco fiable. Los *stocks* se minimizan también reduciendo los lotes de pedido y los plazos de entrega.

- **Cero averías**: el mantenimiento preventivo de la maquinaria es vital para reducir tiempos muertos.

- **Cero defectos**: a través de los sistemas de gestión de la calidad total, se pretende que ningún producto sea defectuoso. Con los cero defectos se trata de implicar a todo el personal en la gestión de la calidad. Cuando aparece algún defecto en alguna elaboración el personal afectado, debe buscar la causa del problema y solucionarlo para que no vuelva a repetirse.

- **Cero papel**: es preciso eliminar la excesiva burocracia.

- **Cero retrasos**: el producto debe llegar al cliente cuando se haya acordado con él.

Figura 6.7. La teroría de los 5 ceros.

6.6.1. El sistema Kanban

El sistema Kanban es un susbsistema sobre el que se asienta el *just in time*. También se denomina *sistema de tarjetas*, pues su implementación se basa en tarjetas que se pegan en los contenedores de materiales y se despegan cuando son utilizados para pasar a la reposición de estos materiales.

Las tarjetas sobre las que se asienta el sistema pueden adoptar diferentes formas, así como incorporar códigos de barras o QR. Las tarjetas por regla general, pueden ser de tres tipos:

1. **Kanban de señal**. Es la primera de las tarjetas y se corresponde con la última estación de trabajo, es decir, la que se encarga del ensamblado final del producto. Es la que ordena al resto de estaciones y/ o proveedores el comienzo del procesamiento del material.

2. **Kanban de producción**. Indica el tipo y cantidad que se necesita producir en el proceso anterior. En estas tarjetas se registra el número de piezas por contenedor, así como el punto de almacenamiento de salida y de recogida de los componentes necesarios. como mínimo el tipo y la cantidad.

3. **Kanban de transporte**. Transmiten desde la estación a su predecesora las necesidades de material de la siguiente. La información que incorporan estas tarjetas es la identificación del material transportado, el número de piezas por contenedor, el número de orden de la tarjeta, el origen y el destino.

A continuación, vamos a ver cómo se aplicaría el sistema Kanban en un proceso de fabricación de mesas con tres estaciones de trabajo. Las estaciones de trabajo son las siguientes:

1. Corte de tableros y piezas de la mesa.

2. Ensamblaje.

3. Pulido y barnizado.

El proceso se especifica en el siguiente diagrama:

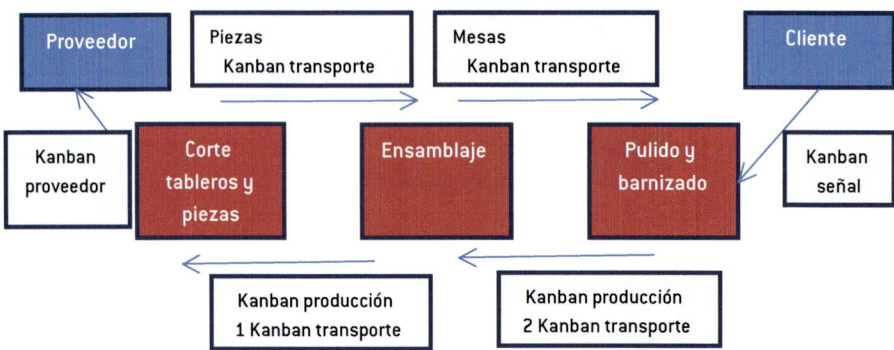

Figura 6.8. Esquema de un sistema Kanban.

1. Al tratarse de un sistema *pull*, el proceso se inicia cuando el cliente hace un pedido. En este momento, el último puesto (pulido y barnizado) recibe un Kanban de señal donde se especifica el pedido del cliente.

2. El puesto de pulido y barnizado envía un contenedor vacío al puesto siguiente (ensamblaje) acompañado de dos tipos de Kanban.

   • n-1 Kanban de transporte sin información, dentro del contenedor. Como en este caso son tres las estaciones de trabajo, serían dos Kanban de transporte.

   • Kanban de producción donde se indican las necesidades del puesto de pulido y barnizado. En este caso se indicarían las mesas y características que tendría que ensamblar la estación para cumplir con el pedido.

3. Un operario del puesto 2 (ensamblaje), se queda con un Kanban de transporte vacío y con el Kanban de producción enviado por el puesto 3. El puesto 2 realiza el mismo procedimiento anterior respecto al puesto 1 (corte de tableros y piezas de la mesa), enviando dos Kanban en un contenedor vacío:

   • 1 Kanban de transporte sin información dentro del contenedor, puesto que de los dos que había ya se quedó una.

- Kanban de producción donde se indican las necesidades del puesto de ensamblaje. En este caso se indicarían el número y medidas de los tableros y piezas necesarias para ensamblar las mesas.

Si hubiera más estaciones de trabajo, el proceso se repetiría hasta la primera de ellas. En este momento termina el flujo de información y comienza el flujo de materiales:

1. Un operario del puesto 1 toma el Kanban de producción y de transporte y comienza a producir los tableros y piezas requeridos según las instrucciones del puesto. 2. Una vez terminado este primer proceso, envía el contenedor con los tableros y las piezas al puesto número 2, acompañadas del Kanban de transporte convenientemente relleno (número de piezas, estación de origen y estación de destino).

2. El operario del puesto 2 recibe el material procesado, comprueba el Kanban de transporte y comienza a producir según su Kanban de producción (que ya había recibido anteriormente del puesto 3).

3. Una vez terminada de ensamblar la mesa, el operario del puesto 2 envía el contenedor con las mesas al puesto 3 con el correspondiente Kanban de transporte. El operario de la estación 3 comprueba el Kanban de transporte y comienza la última fase del proceso (pulido y barnizado).

En ocasiones también se emplea un **Kanban de proveedores**, donde se especifican y solicitan los materiales que necesita la primera estación de procesamiento.

La implantación de un sistema Kanban no se realiza en el corto plazo. Este sistema implica una nueva forma de trabajar, y requiere el cumplimiento de una serie de reglas:

1. **No enviar un producto defectuoso a la siguiente etapa**. Los defectos deben ser descubiertos, divulgados entre el personal afectado y se debe buscar una solución definitiva para que no se vuelvan a producir.

2. Los distintos procesos **solo requerirán del anterior los materiales necesarios y en el momento adecuado**. Nunca se solicitarán más materiales de los requeridos, pues esto ocasionará exceso de *stock* y pérdidas de tiempo. Traducido al lenguaje de las tarjetas, esto supone:

- No requerir material sin la correspondiente tarjeta Kanban.

- No exceder el material solicitado en las tarjetas.

- Las tarjetas Kanban siempre tienen que acompañar al artículo.

3. Conseguir **una producción nivelada**. Si los requerimientos de las estaciones son fluctuante, esto produce exceso de capacidad y desaprovechamiento de los recursos. Para nivelar la producción, se deben fabricar pequeños lotes de modelos diferentes.

4. Estudiar y estandarizar el sistema, empleando el mínimo **número de Kanban posible** para que el sistema sea fácilmente asimilable por el personal.

En definitiva, tanto el sistema Kanban como el *just in time* en conjunto requieren un cambio profundo en la forma de trabajar y producir, y precisa de la colaboración del personal y de los proveedores.

6.7. Optimización de la cadena de suministro

Como vimos en el primer tema, existen varias formas de organizar la cadena de suministro:

- **Cadena de suministro eficaz:** busca adaptarse a los cambios que sufre la demanda. En este caso prima la flexibilidad sobre la reducción de costes y los *stocks* se emplean como un *colchón* para evitar quedarnos sin existencias y la demanda aumenta.

- **Cadena de suministro eficiente**: en este caso el objetivo es aprovechar al máximo la capacidad para reducir el coste del producto.

6.7.1. La capacidad y la variabilidad de la demanda

Una demanda constante y cierta es fácil de gestionar. En este caso, basta con adaptar la capacidad a las unidades que vamos a vender en cada período para aprovecharla al máximo y que no existan recursos ociosos. Cuando se dan estas condiciones una cadena de suministro eficiente es la mejor opción. Sin embargo, las empresas suelen enfrentarse a demandas variables e inciertas. La variabilidad de la demanda es un problema difícil de gestionar, pues se va amplificando a lo largo de la cadena de suministro en el denominado *efecto látigo*.

Para comprender en qué consiste este efecto, vamos a pensar en una cadena de suministro en el cuál un fabricante de cereales para el desayuno vende sus productos a través de un mayorista. Este mayorista vende a un supermercado, y es aquí donde lo compra el consumidor final.

El fabricante solo conoce la demanda del mayorista a través de los pedidos que este realiza. De igual modo, el mayorista solo tiene información de los pedidos del minorista. La demanda del cliente final es variable, pues depende de muchos factores tales como el precio del producto, sus hábitos de compra, las modas, etc., pero esta variabilidad se va amplificando a lo largo de la cadena de suministro.

Algunos de los motivos de esta variabilidad son los siguientes:

- Cambios en los precios de venta entre los elementos de la cadena. Algunos minoristas han comenzado a aplicar políticas de precios bajos todos los días. Evitando las ofertas puntuales de artículos se consigue una demanda más estable en los puntos de venta.

- Lotes de pedido grandes para ahorrar en transportes. Si algún eslabón de la cadena de suministro hace un pedido grande para ahorrar en costes de aprovisionamiento, transmitirá a los anteriores eslabones la señal de que la demanda está aumentando.

- Incertidumbre en los plazos de entrega.

En el ejemplo que estamos siguiendo, si el supermercado comienza a vender un producto porque ha realizado una acción promocional, la demanda aumentará a corto plazo. Si el mayorista no conoce esta promoción, puede pensar que el aumento de la demanda puede repetirse en los meses siguientes y hará pedidos más grandes al fabricante, que aumentará su capacidad para atenderlos y hará pedidos más grandes a sus proveedores.

En conclusión, cuando el supermercado termine la promoción la demanda volverá a ser la habitual, y existirá un exceso de *stock* en la cadena de suministro.

Para solucionar este problema, existen diversos métodos de gestión de las compras que simplifican la emisión de pedidos, y permiten a los fabricantes conocer mejor la demanda real que tienen sus productos en los puntos de venta.

El Vendor Managed Inventory (VMI) o Inventario Administrado por Proveedor es un método de gestión en el que el comprador facilita información al proveedor sobre ventas y *stocks* para que mantenga un nivel determinado de inventario, ya sea en su propio almacén o en el del cliente. Con el VMI se consigue ajustar el inventario en la cadena de suministro.

El Collaborative Planning Forecasting and Replenishment va un paso más allá, pues permite al proveedor obtener datos en tiempo real de las ventas e inventarios de sus productos en el punto de venta, conociendo de primera mano la demanda de sus productos y reponerlos automáticamente cuando están cerca de agotarse.

RESUMEN

- Los sistemas MRP se emplean para predecir las necesidades de materiales de demanda dependiente.

- El MRP se materializa en un *software* que cumple un triple objetivo en la gestión del aprovisionamiento, asegurar que los materiales y producciones intermedias estén disponibles, mantener los niveles de inventarios necesarios para la producción y planear las actividades de producción.

- Los elementos de entrada del MRP son el plan maestro de producción (MPS), el árbol del producto y lista de materiales (BOM), y el registro de inventarios.

- El elemento de salida más importante del MRP es el plan de lanzamiento, donde se establecen los momentos en que tenemos que lanzar un pedido de materiales al proveedor y que deben comenzar las distintas fases del proceso de producción.

- El sistema MRP II (*Manufacturing Resource Planning*) es un sistema que proporciona la planificación y control de todos los recursos de la producción.

- La filosofía JIT tiene como objetivo que se compre o se produzca el número de unidades que se necesite, en el momento en que se necesite, para satisfacer la demanda del producto.

- Para cumplir sus objetivos, el sistema JIT emplea un sistema de producción *pull,* donde se comienzan a fabricar los lotes cuando existe un pedido firme por parte del cliente.

- El sistema Kanban emplea tarjetas que van indicando a las necesidades de materiales y producción de cada estación de trabajo a sus predecesoras.

- La variabilidad de la demanda se transmite a lo largo de la cadena de suministro en el denominado *efecto látigo.*

TEST

6.1. Implantando un MRP conseguimos los siguientes beneficios:

    a. Mejor previsión de la demanda de productos terminados.

    b. Reducción y cumplimiento de los plazos de entrega.

    c. Ahorro en los costes de distribución.

    d. Todas las anteriores.

6.2. Para elaborar un MRP necesitamos:

    a. El plan maestro de producción.

    b. El árbol del producto.

    c. El registro de inventarios.

    d. Todas las anteriores.

6.3. En un árbol del producto:

    a. El nivel 0 se corresponde con el producto terminado.

    b. El nivel 1 es un componente del nivel 2.

    c. En el nivel 2 se especifican las unidades o cantidades necesarias para una unidad del producto final.

    d. Todas las anteriores.

6.4. En el plan de materiales se determina:

    a. Las necesidades de cada eslabón de la cadena de distribución.

    b. Las cantidades y fechas en las que se van a necesitar *stocks* de productos en los puntos de venta.

    c. Las fechas en las que se tienen que hacer los pedidos para que las cantidades estén disponibles.

    d. Todas las anteriores.

6.5. En un MRP las necesidades brutas:

    a. Proceden del plan maestro de producción.

    b. Se calculan a partir de las necesidades netas.

    c. Se redondean según el tamaño del lote para calcular las necesidades netas.

    d. Ninguna de las anteriores.

6.6. Si tenemos unas NB de 500 unidades, un disponible (D) de 100, un *stock* de seguridad de 50 y unas recepciones programadas (RP) de 50:

    a. Las necesidades netas son de 450 unidades.

    b. El disponible en el período siguiente es de 400 unidades.

    c. Si el tamaño del lote es de 250 unidades, las cantidades necesarias en este período son 250 unidades.

    d. Ninguna de las anteriores.

6.7. El MRP II:

    a. Incluye en la planificación las necesidades de recursos de la distribución (DRP).

    b. Va más allá del departamento de logística, pues incluye la planificación de otros departamentos como la necesidad de recursos financieros.

    c. Determina no solo los materiales requeridos, sino también los recursos necesarios para cumplir con el plan maestro de producción.

    d. Todas las anteriores.

6.8. En un sistema de producción *just in time:*

    a. Se intenta reducir los inventarios al máximo.

    b. La producción comienza cuando tenemos pedidos de los clientes.

    c. Una de sus medidas fundamentales es el mantenimiento total preventivo.

    d. Todas las anteriores.

6.9. La tarjeta (Kanban) que se corresponde con la última estación de trabajo encargada del ensamblaje final del producto es:

    a. Kanban de producción.

    b. Kanban de transporte.

    c. Kanban de señal.

    d. Kanban de proveedores.

6.10. Cuando tenemos mucha variabilidad de la demanda, la cadena de suministro más conveniente es:

    a. Eficaz.

    b. Eficiente.

    c. *Lean.*

    d. *Just in time.*

ACTIVIDADES

6.1. Balones Gómez S. A. es una empresa dedicada a la fabricación de todo tipo de pelotas utilizadas en distintos deportes. Sus clientes son cadenas de distribución que comercializan sus productos con su marca blanca. Para los meses de marzo y abril, según el plan agregado de producción se prevén fabricar 2000 unidades cada mes de la familia de balones de fútbol. Esta familia se compone de balones de reglamento (40 %), de entrenamiento (35 %) y de fútbol sala (25 %).

Se pide: elaborar un plan maestro de producción por semanas para los meses de marzo y abril.

6.2. Los balones de fútbol sala se producen a partir de los siguientes materiales:

- Cámara: cada cámara se fabrica a partir de 500 g de látex, una válvula y 400 g de espuma.

- Cubierta: la cubierta se compone de 32 paneles de poliuretano cosidos con 5 metros de cuerda.

Se pide: elaborar el árbol del producto y la lista de materiales.

6.3. Los datos de balones de fútbol sala y de los materiales para su fabricación en el mes de marzo son los siguientes:

Componente	LOTE	D	SS	RP 1
Balones	100	100	100	0
Cámaras	1	60	50	0
Cubiertas	1	30	20	0
Látex (kg)	100	50	40	100
Válvulas (un)	200	50	60	0
Espuma (kg)	50	20	30	0
Paneles (unidades)	1000	1500	1250	0
Cuerda (metros)	250	50	90	0

Se pide:

1. Elaborar un MRP para los balones de fútbol sala.

2. Haz un resumen de las necesidades de aprovisionamiento y producción de cada material y componente

3. En el caso del látex, si el plazo de entrega es de una semana, ¿crees que existirá una rotura de *stocks*? En caso afirmativo, ¿cuántos kg deberían ser las recepciones programadas?

6.6. Una empresa dedicada al montaje de muebles de cocina ha comprobado que sus costes de almacenaje, así como los defectos en sus productos ha aumentado considerablemente. Para corregirlo, está buscando la implantación de un sistema de gestión *just in time.*

Antes de realizar la implantación, hace un estudio de su sistema productivo y de gestión, llegando a las siguientes conclusiones:

- La producción se realiza en grandes lotes, que luego se almacenan para ser vendidos por los agentes de ventas de la compañía.

- La maquinaria se avería frecuentemente, ocasionando tiempos ociosos. Para solucionar cuanto antes el problema, se cuenta con un servicio de reparación urgente que acude cuando la maquinaria ya se ha parado.

- Los lotes de pedidos a los proveedores son grandes, con el objeto de no parar la maquinaria y aprovechar descuentos por volumen.

- Las distintas fases del proceso productivo se realizan en varias plantas, lejanas entre sí. Cada movimiento entre plantas requiere la realización de una nota de expedición y de entrada.

- La calidad del producto es deficiente. La única manera de evitar que el producto defectuoso llegue al cliente es la inspección del producto final.

Determina:

1. Inconvenientes que produce cada uno de los problemas analizados.

2. Soluciones de cada problema, según la filosofía JIT.

7. Planificación de recursos de la distribución

Introducción

En el tema anterior vimos cómo planificar la producción y el aprovisionamiento gracias al sistema MRP. En esta unidad vamos a estudiar cómo determinar las necesidades de recursos de distribución gracias al sistema DRP *(Distribution Requirement Planning)*.

Siguiendo una metodología similar al MRP, el DRP determina las necesidades de productos terminados que se necesitan en cada uno de los eslabones de la cadena de distribución. El resultado final es hacer una previsión de productos que enlace con el MRP para determinar los materiales y producción necesarios para cumplir con la demanda.

Objetivos

— Entender la finalidad y objetivos del DRP.

— Elaborar programas de requerimientos de distribución empleando distintas técnicas.

— Establecer los aspectos más relevantes en el DRP.

— Estimar las necesidades de distribución, teniendo en cuenta, las necesidades de suministro y de fabricación/compra.

Contenidos

7.1. Planificación del DRP *(Distribution Requirement Planning)*

La planificación de las necesidades de producción y materiales se desarrolla en el MRP, tal y como vimos en el tema anterior. El MRP va desde la empresa hacia los eslabones anteriores de la cadena de suministro (proveedores). Con el DRP se pretende planificar hacia adelante, es decir, incluir en la planificación a los centros de distribución que hacen llegar al producto al cliente.

7.1.1. Concepto del DRP

La planificación de recursos de distribución (DRP) es un sistema empleado para la planificación de la producción, a partir de los pronósticos de demanda. Su procedimiento es similar al MRP, pero a la inversa.

1. La demanda de los clientes se traduce en órdenes a los centros de distribución directos, teniendo en cuenta su *lead time*.

2. Las órdenes a los centros de distribución directos se van trasladando *hacia atrás* en la cadena de distribución, hasta llegar al centro de producción. A través de este proceso, la demanda de los clientes se convierte en órdenes de producción.

7.1.2. Finalidad del DRP

El DRP tiene una doble finalidad.

1. Permite traducir la demanda del cliente en necesidades de producción: el DRP puede emplearse como base para realizar la Programación Maestra (MPS).

2. El DRP es el punto de partida del MRP. Combinando ambos planes, podemos realizar una planificación conjunta de toda la producción y aprovisionamiento.

La relación entre los planes podemos verla en el siguiente esquema:

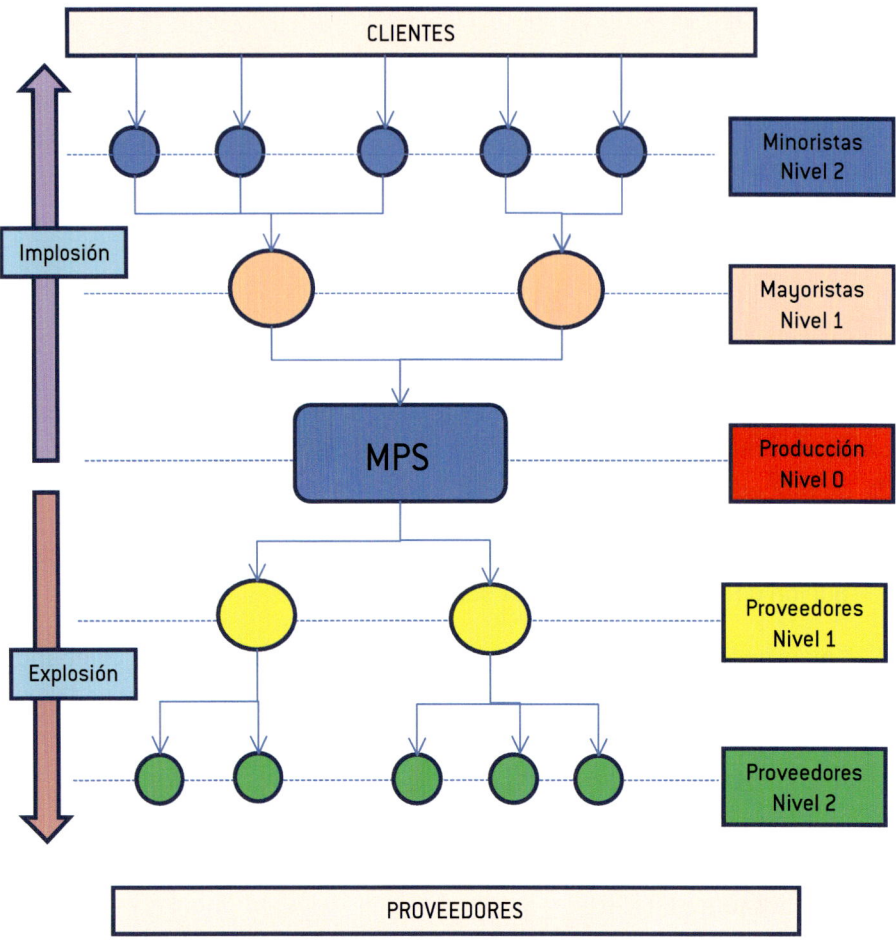

Figura 7.1. Relación entre DRP y MRP.

Como se puede observar en el gráfico, mediante la utilización combinada de MRP y DRP se puede planificar conjuntamente la distribución hacia el cliente y el aprovisionamiento hacia los proveedores. Esto se realiza mediante dos procesos:

- **Implosión (DRP).** Mediante la implosión, convertimos las órdenes del cliente final en órdenes de producción, a través de los distintos eslabones de la cadena de distribución.

- **Explosión (MRP).** Las órdenes de producción se convierten en necesidades de producción de componentes y de aprovisionamiento de materiales.

7.2. Estructura y fases de elaboración del DRP

El DRP sigue la misma lógica que el MRP, pero en lugar de la estructura del producto (explosión de materiales), se emplea la estructura de los centros de distribución para determinar las órdenes de producción. Siguiendo esta lógica, en el DRP se distinguen dos tipos de demanda:

- **Demanda de mercado**. Se conoce con incertidumbre, a partir de los métodos de previsión estudiados en capítulos anteriores.

- **La demanda que llega a los centros de distribución**. En este caso, la demanda de mercado se va transformando en órdenes de pedido a lo largo de la cadena de distribución.

Si tenemos una estructura de distribución como la reflejada en la figura 7.1., la estructura del DRP sería la siguiente:

1. Los cinco centros minoristas reciben pedidos directamente del cliente. En función de sus datos de *stocks*, los *lead time* y los tamaños de los lotes, se calcularán las órdenes que recibirán los centros mayoristas.

2. Los centros mayoristas calcularán sus órdenes al centro de producción teniendo en cuenta las recibidas por los minoristas, así como sus datos sobre *stocks*, *lead time* y tamaños del lote.

7.3. Técnicas de DRP. Métodos de Brown y Martin

Al igual que el MRP, el DRP se materializa en aplicaciones informáticas que determinan las necesidades de productos en cada punto de distribución, así como los recursos necesarios para cumplir con el plan (medios de transporte, capacidad de almacenaje, etc.). Según la metodología empleada, pueden distinguirse dos métodos:

- **Método de Brown:** según este método, la demanda en los centros de distribución determina las necesidades de producción y medios de transporte.

- **Método de Martin:** en este caso, la demanda se satisface mediante lotes programados, que son los que determinan las necesidades de transporte.

Para ver cómo sería cada método en la práctica, vamos a estudiar el caso de una fábrica que vende sus productos a través de dos minoristas. Los datos de previsión de demanda diaria para ambos son los que se reflejan en la siguiente tabla:

	1	2	3	4	5	6	7	8	9	10
Tienda 1	10	15	10	15	20	15	10	15	20	25
Tienda 2	15	25	15	30	25	10	15	25	25	30

El resto de datos necesarios para el DRP son los siguientes:

- El plazo de entrega para las tiendas 1 y 2 es de uno y dos días respectivamente.

- El *stock* de seguridad de las tiendas es de 10 unidades. En la fábrica este *stock* es de 50 unidades.

- El *stock* disponible en la tienda 1 es de 40 unidades, en la tienda 2 de 90, y en la fábrica de 130.

En las siguientes tablas vemos cómo se calcularían las necesidades según los métodos vistos anteriormente.

Método de Brown

TIENDA 1	*Stock*	40								
Día	1	2	3	4	5	6	7	8	9	10
Ventas prev	10	15	10	15	20	15	10	15	20	25
Disponible	30	15	55	40	20	55	45	30	10	35
Necesidades reposición	0	50	0	0	50	0	0	0	50	0

En este caso, la demanda es la que determina las necesidades de reposición.

- El *stock* disponible es el *stock* del día anterior, menos las ventas previstas, más las necesidades de reposición.

- Las necesidades de reposición se calculan según la siguiente fórmula:

NR= ventas previstas + *stock* de seguridad – disponible.

Como se puede ver, en este método es la demanda la que determina el momento de hacer un nuevo pedido a la fábrica.

La tabla de la tienda 2 sería la siguiente:

TIENDA 2	Stock	90								
Día	1	2	3	4	5	6	7	8	9	10
Ventas prev	15	25	15	30	25	10	15	25	25	30
Disponible	75	50	35	5	30	70	55	30	55	25
Necesidades reposición	0	0	0	50	50	0	0	50	0	50

Las necesidades de fabricación se calculan a partir de las necesidades de las dos tiendas, teniendo en cuenta el *lead time*.

FÁBRICA	Stock	120								
Día	1	2	3	4	5	6	7	8	9	10
Pedidos	50	50	50	50	0	50	0	100	0	0
Disponible	70	70	70	70	120	70	120	20	170	170
Necesidades fabricación	50	50	50	50	0	50	0	150	0	0

El procedimiento de cálculo de los pedidos de la fábrica se realiza siguiendo el siguiente procedimiento:

- Día 1. Los pedidos son las 50 unidades que se requieren en la tienda 1 en el día 2, ya que el *lead time* es de un día.

- Día 2. Los pedidos previstos son las 0 unidades que se requieren en la tienda 1 el día 3 y las 50 de la tienda 2 el día 4, ya que el *lead time* de esta tienda es de dos días.

El resto de días se calcularían siguiendo este procedimiento.

Método de Martin

En este caso, las tiendas realizan un pedido periódicamente por la cantidad que tienen previsto vender. Supongamos que las tiendas se abastecen mediante un pedido semanal. Este pedido se realiza los miércoles, y la cantidad a pedir es la previsión de ventas de toda la semana. Las tablas DRP son las que se muestran a continuación.

TIENDA 1	Stock	40								
Día	1	2	3	4	5	6	7	8	9	10
Ventas prev.	10	15	10	15	20	15	10	15	20	25
Disponible	30	15	5	60	40	25	15	0	65	40
Necesidades reposición			70					85		

TIENDA 2	Stock	90								
Día	1	2	3	4	5	6	7	8	9	10
Ventas prev.	15	25	15	30	25	10	15	25	25	30
Disponible	75	50	35	115	90	80	65	40	120	90
Necesidades reposición			110						105	

FÁBRICA	Stock	120								
Día	1	2	3	4	5	6	7	8	9	10
Pedidos	110	70	0	0	0	105	85	0	0	0
Disponible	10	90	140	140	140	35	100	150	150	150
Necesidades fabricación	150	50	0	0	0	150	50	0	0	0

Actividad propuesta 7.1.

Calcula las necesidades de aprovisionamiento según los dos procedimientos vistos anteriormente, suponiendo las siguientes previsiones de ventas.

TIENDA 1	Stock	40								
Día	1	2	3	4	5	6	7	8	9	10
Ventas prev.	15	10	10	35	20	10	15	10	15	20
Disponible										
Necesidades de reposición										

TIENDA 2	Stock	90								
Día	1	2	3	4	5	6	7	8	9	10
Ventas prev.	25	10	25	25	10	15	30	20	30	15
Disponible										
Necesidades reposición										

FÁBRICA	Stock	120								
Día	1	2	3	4	5	6	7	8	9	10
Pedidos										
Disponible										
Necesidades fabricación										

7.4. Flujo de los procesos y cálculo de las necesidades de producción

En el apartado anterior hemos visto de forma simplificada cómo se calculan las necesidades de producción siguiendo dos métodos distintos. En ambos métodos se puede observar como es el flujo del proceso de construcción del DRP:

1. El último eslabón de la cadena de distribución, el que vende directamente al cliente final, hace una previsión de demanda. Esta previsión es la que determina sus necesidades de productos terminados.

2. Las necesidades de los minoristas se agrupan en el siguiente eslabón de la cadena de distribución, teniendo en cuenta los plazos de entrega.

3. Cuando estamos en el primer eslabón, las necesidades de toda la cadena de distribución se convierten en necesidades de producción, es decir, en el plan maestro de producción (MPS).

7.5. Implementación del DRP

En el siguiente apartado vamos a ver cómo sería la implementación de un DRP completo. Supongamos que tenemos la siguiente cadena de distribución:

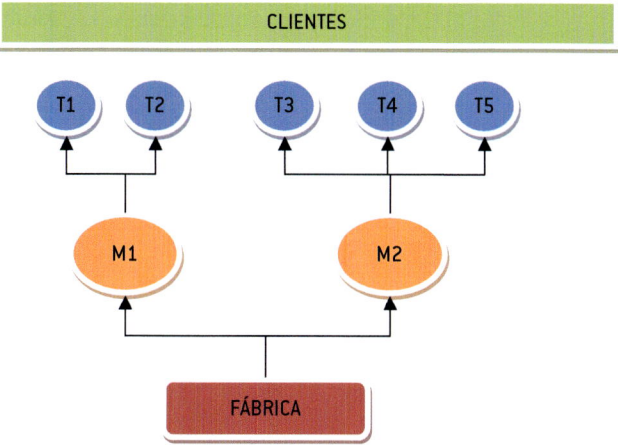

En esta cadena de distribución tenemos cinco tiendas minoristas (T1, T2, T3, T4 y T5) que venden directamente al cliente final. T1 y T2 hacen sus pedidos a un mayorista (M1), y T3, T4, y T5 tienen como proveedor a M2. La fábrica vende sus productos a estos dos mayoristas.

7.5.1. Las tablas DRP

Las tablas del DRP se pueden elaborar siguiendo el mismo procedimiento empleado para el MRP. Para ello, vamos a definir:

- **Necesidades brutas (NB):** son las necesidades de productos terminados de cada eslabón de la cadena de suministro. En el caso de los minoristas, serán las previsiones de demanda.

- **Recepciones programadas (RP):** son los pedidos o producciones realizadas en el pasado y que se espera recibir o tener terminadas en el período actual.

- **Disponible (D):** productos disponibles al principio del período.

- *Stock* **de seguridad (SS):** *stock* por encima de las necesidades ordinarias para hacer frente a aumentos inesperados de la demanda.

- **Necesidades netas (NN):** son las cantidades necesarias para satisfacer las necesidades brutas.

NN= NB+SS-D-RP.

- **NNL:** son las necesidades netas redondeadas al tamaño del lote de pedido.

- **Las necesidades netas teniendo en cuenta el *lead time* (NNL LT).** Se calculan moviendo a la izquierda las NNL tantas celdas como días o semanas sea su *lead time*.

Los datos de demanda e inventarios de nuestro ejemplo son los siguientes:

Código	LOTE	D	SS	RP 1	RP2	Lead
T1	10	30	10	0	0	1
T2	10	40	10	30	0	2
T3	20	20	10	40	20	1
T4	25	25	25	30	0	2
T5	20	30	20	20	20	1
M1	50	100	100	50	0	2
M2	100	200	200	100	0	1

A partir de estos datos y de las previsiones de demanda de cada tienda (necesidades brutas de T1 a T5), podemos determinar las necesidades netas teniendo en cuenta el *lead time*.

T1

SEMANA	1	2	3	4	5	6	7	8
NB	10	20	10	15	20	25	10	15
D	30	20	10	10	15	15	10	10
RP	0	0	0	0	0	0	0	0
NN	0	10	10	15	15	20	10	15
NNL	0	10	10	20	20	20	10	20
NNL LT	10	10	20	20	20	10	20	0

T2

SEMANA	1	2	3	4	5	6	7	8
NB	20	25	25	20	15	15	10	15
D	40	50	25	10	10	15	10	10
RP	30	0	0	0	0	0	0	0
NN	0	0	10	20	15	10	10	15
NNL	0	0	10	20	20	10	10	20
NNL LT	10	20	20	10	10	20	0	0

T3

SEMANA	1	2	3	4	5	6	7	8
NB	30	35	25	20	30	20	15	20
D	20	30	15	10	10	20	20	25
RP	40	20	0	0	0	0	0	0
NN	0	0	20	20	30	10	5	5
NNL	0	0	20	20	40	20	20	20
NNL LT	0	20	20	40	20	20	20	0

T4

SEMANA	1	2	3	4	5	6	7	8
NB	15	10	15	20	25	20	15	10
D	25	40	30	40	45	45	25	35
RP	30	0	0	0	0	0	0	0
NN	0	0	10	5	5	0	15	0
NNL	0	0	25	25	25	0	25	0
NNL LT	25	25	25	0	25	0	0	0

T5

SEMANA	1	2	3	4	5	6	7	8
NB	5	10	20	15	20	25	20	10
D	30	45	55	35	20	20	35	35
RP	20	20	0	0	0	0	0	0
NN	0	0	0	0	20	25	5	0
NNL	0	0	0	0	20	40	20	0
NNL lead time	0	0	0	20	40	20	0	0

7.5.2. Combinación de tablas

Una vez elaboradas las tablas de los minoristas podemos elaborar las de los centros de distribución. Para ello, tomamos las NNL teniendo en cuenta el *lead time* de las tiendas que hacen pedidos a cada distribuidor.

M1

SEMANA	1	2	3	4	5	6	7	8
NB	20	30	40	30	30	30	20	0
D	100	130	100	110	130	100	120	100
RP	50	0	0	0	0	0	0	0
NN	0	0	40	20	0	30	0	0
NNL	0	0	50	50	0	50	0	0
NNL lead time	50	50	0	50	0	0	0	0

M2

SEMANA	1	2	3	4	5	6	7	8
NB	25	45	45	60	85	40	20	0
D	200	275	230	285	225	240	200	280
RP	100	0	0	0	0	0	0	0
NN	0	0	15	0	60	0	20	0
NNL	0	0	100	0	100	0	100	0
NNL lead time	0	100	0	100	0	100	0	0

Para las necesidades brutas de M1 se han sumado las NNL *lead time* de las tiendas 1 y 2, y para las de M2 las de las tiendas 3, 4, y 5. A partir de aquí el procedimiento de cálculo es el mismo que se ha empleado para los minoristas.

Una vez que tenemos calculadas las necesidades de los distribuidores, ya tenemos la base para elaborar el MPS. En la siguiente tabla se muestra un resumen de las necesidades de distribución y producción para el período considerado.

SEMANA	1	2	3	4	5	6	7	8
T1	10	10	20	20	20	10	20	0
T2	10	20	20	10	10	20	0	0
T3	0	20	20	40	20	20	20	0
T4	25	25	25	0	25	0	0	0
T5	0	0	0	20	40	20	0	0
M1	50	50	0	50	0	0	0	0
M2	0	100	0	100	0	100	0	0
MPS	50	150	0	150	0	100	0	0

7.5.3. Cálculo de costes de distribución

En la última tabla que hemos calculado en el apartado anterior, hemos obtenido las necesidades de cada eslabón de la cadena de distribución, y en consecuencia, las necesidades de transporte entre cada uno de estos eslabones.

Supongamos que los costes de transporte unitarios entre las tiendas, los mayoristas y la fábrica son los siguientes:

	T1	T2
M1	2,50 €	2,00 €

	T3	T4	T5
M2	3,00 €	2,80 €	2,20 €

	D1	D2
Fábrica	4,00 €	2,00 €

Multiplicando los costes de transporte unitarios por las necesidades de distribución entre cada centro, hallamos la previsión de costes de transporte.

SEMANA	1	2	3	4	5	6	7	8
T1	25 €	25 €	50 €	50 €	50 €	25 €	50 €	- €
T2	20 €	40 €	40 €	20 €	20 €	40 €	- €	- €
T3	- €	60 €	60 €	120 €	60 €	60 €	60 €	- €
T4	70 €	70 €	70 €	- €	70 €	- €	- €	- €
T5	- €	- €	- €	44 €	88 €	44 €	- €	- €
M1	200 €	200 €	- €	200 €	- €	- €	- €	- €
M2	- €	200 €	- €	200 €	- €	200 €	- €	- €
TOTAL	315 €	595 €	220 €	634 €	288 €	369 €	110 €	- €

Actividad propuesta 7.2.

Siguiendo con el ejemplo anterior. Supongamos que los datos de previsión de demanda de las tiendas para otro período distinto son los siguientes:

SEMANA	1	2	3	4	5	6	7	8
T1	15	20	10	15	15	15	15	20
T2	30	15	20	25	15	10	20	35
T3	20	25	15	20	35	25	15	30
T4	15	15	15	15	25	15	15	15
T5	30	25	10	15	30	20	40	15

Los datos de almacén para el nuevo período considerado se recogen en la siguiente tabla:

Código	LOTE	D	SS	RP 1	RP2	Lead
T1	10	20	10	10	10	1
T2	10	30	10	10	20	2
T3	20	20	10	0	40	1
T4	25	15	25	25	25	2
T5	20	20	20	20	0	1
D1	50	150	100	50	50	2
D2	100	20	200	100	0	1

Se pide:

1. Calcular las necesidades de cada eslabón de la cadena de distribución. ¿Es factible el plan DRP?

2. Calcular el coste de distribución total por semana.

7.5.4. Utilización de hojas de cálculo

Tanto el MRP como el DRP suponen realizar muchos cálculos recurrentes. Todos estos cálculos pueden hacerse de una forma sencilla si empleamos una hoja de cálculo.

Supongamos que tenemos el ejemplo que hemos ido desarrollando en este epígrafe con Excel.

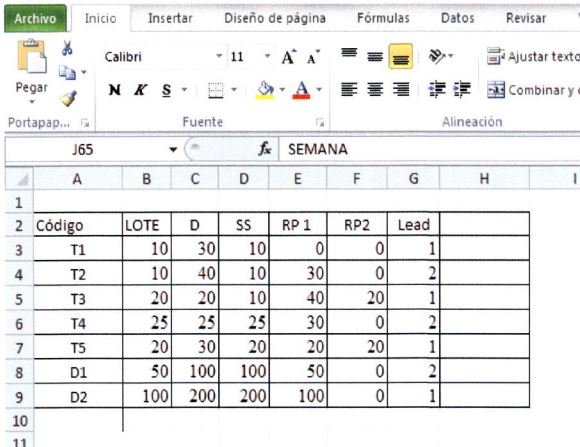

A partir de la tabla de datos, podemos calcular las necesidades netas de cada tienda:

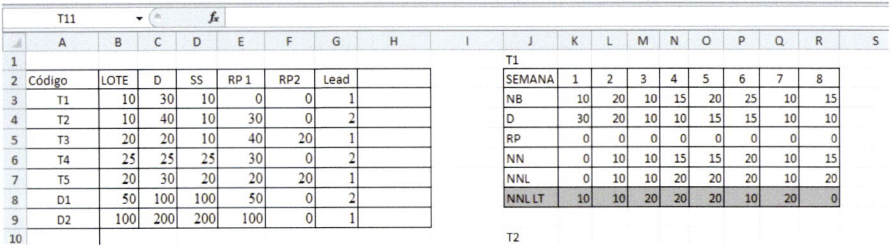

Para la primera tienda introducimos las siguientes fórmulas:

- NB: se copian a mano, pues es la demanda independiente.

- D: en la semana 1 (K4) ponemos =C3, pues es el disponible inicial. Para el resto de semanas. En la celda L4 copiamos la siguiente fórmula:

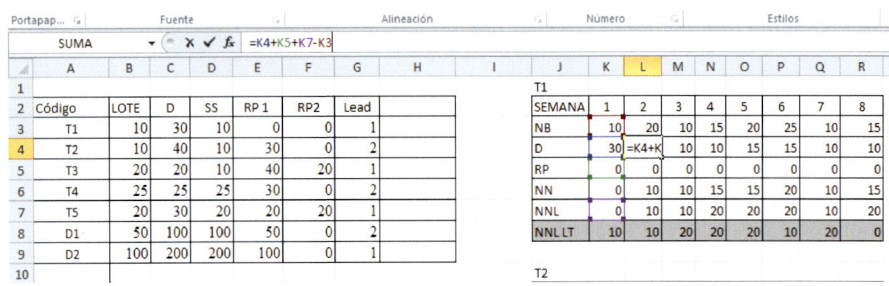

Arrastramos hacia la derecha y se calcularán todos los disponibles.

- RP: ponemos = E3 y arrastramos otra celda a la derecha.

- NN: escribimos en K6 la siguiente fórmula:

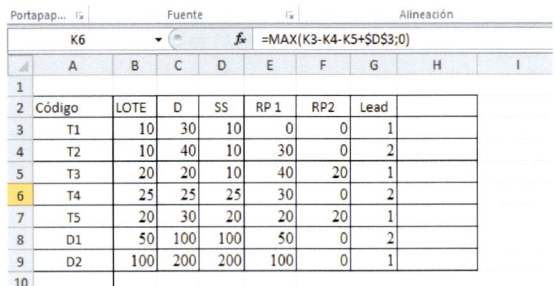

Arrastramos hacia la derecha y se calcularán todas las necesidades netas.

- NNL: la fórmula sería la siguiente:

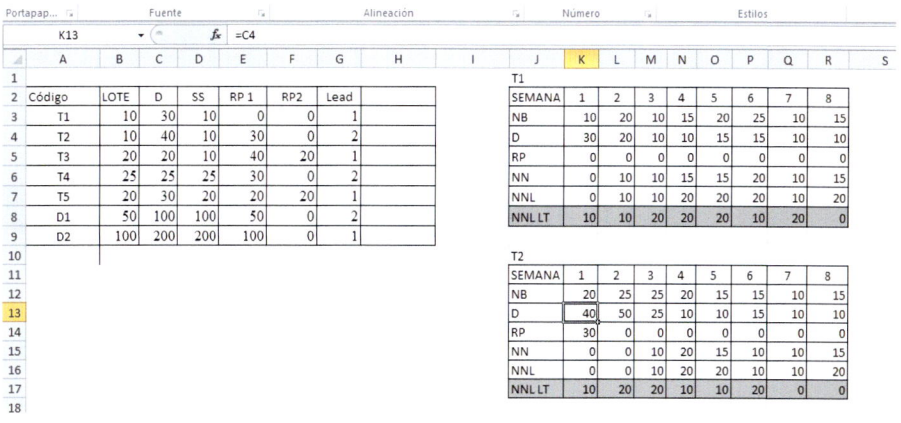

Al igual que con las fórmulas anteriores, arrastramos a la derecha y tendremos calculadas todas las necesidades netas teniendo en cuenta el tamaño del lote.

El último paso es mover las NNL tantas celdas a la izquierda como corresponda según su *lead time*. Como en el caso de la tienda 1 es de un día, en la celda K8 escribimos =L7, y arrastramos a la derecha.

Para calcular el DRP del resto de tiendas podemos copiar y pegar la tabla de T1, y cambiar las referencias por los las celdas donde tenemos los datos correspondientes.

Por ejemplo, en T2 los cambios a realizar son:

- Celda K13: ponemos = C4.

- Celda K14: ponemos = E4 y arrastramos una celda a la derecha.

- Celda K15: hay que cambiar la referencia al *stock* de seguridad de la fórmula:

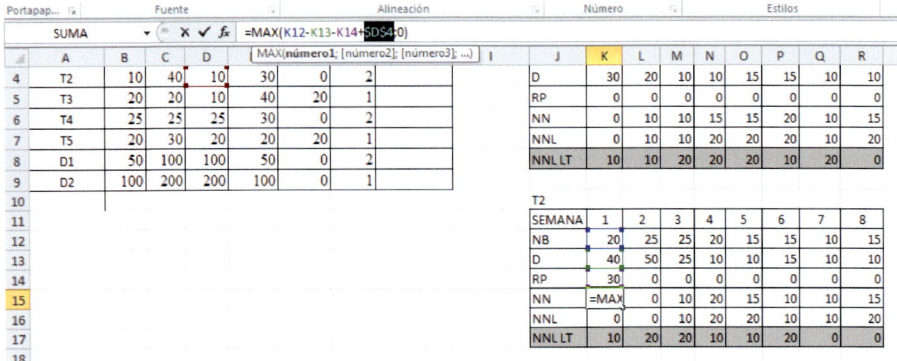

- Una vez hecho el cambio, arrastramos hacia la derecha.

- Celda K16: al igual que en el caso anterior, hay que cambiar la referencia del tamaño del lote y arrastrar a la derecha.

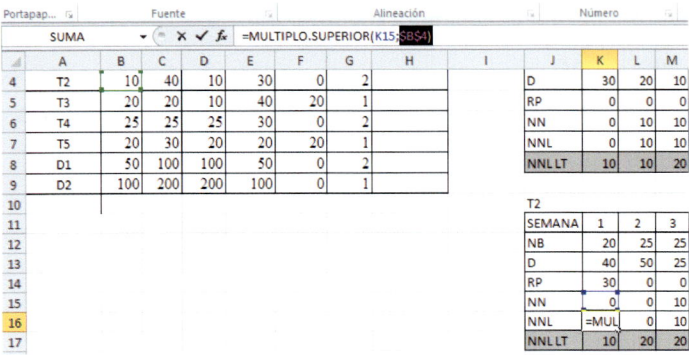

- Por último, como el *lead time* de T2 es dos semanas, en la celda K17 ponemos = M16 y arrastramos.

Para calcular el DRP de los mayoristas procedemos igual que en las tiendas, pero las necesidades brutas se calculan sumando las NNL LT de las tiendas correspondientes:

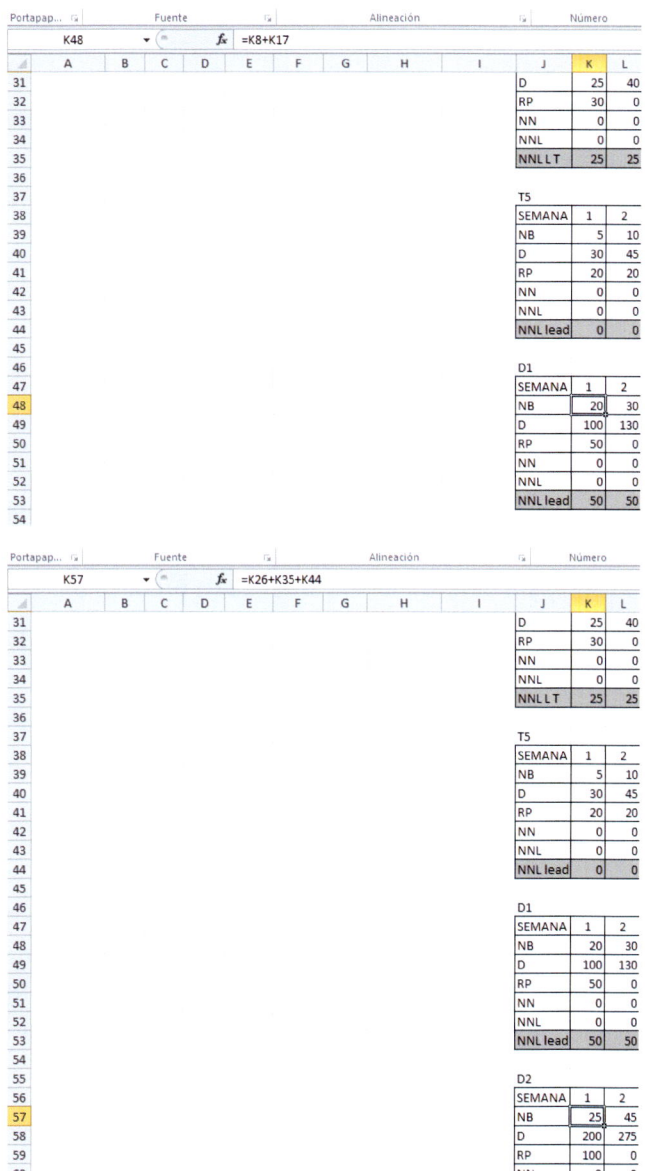

First table (K48 = =K8+K17):

	A	B	C	D	E	F	G	H	I	J	K	L
31										D	25	40
32										RP	30	0
33										NN	0	0
34										NNL	0	0
35										NNL L T	25	25
36												
37										T5		
38										SEMANA	1	2
39										NB	5	10
40										D	30	45
41										RP	20	20
42										NN	0	0
43										NNL	0	0
44										NNL lead	0	0
45												
46										D1		
47										SEMANA	1	2
48										NB	20	30
49										D	100	130
50										RP	50	0
51										NN	0	0
52										NNL	0	0
53										NNL lead	50	50
54												

Second table (K57 = =K26+K35+K44):

	A	B	C	D	E	F	G	H	I	J	K	L
31										D	25	40
32										RP	30	0
33										NN	0	0
34										NNL	0	0
35										NNL L T	25	25
36												
37										T5		
38										SEMANA	1	2
39										NB	5	10
40										D	30	45
41										RP	20	20
42										NN	0	0
43										NNL	0	0
44										NNL lead	0	0
45												
46										D1		
47										SEMANA	1	2
48										NB	20	30
49										D	100	130
50										RP	50	0
51										NN	0	0
52										NNL	0	0
53										NNL lead	50	50
54												
55										D2		
56										SEMANA	1	2
57										NB	25	45
58										D	200	275
59										RP	100	0
60										NN	0	0

Al finalizar la hoja, ya tenemos el DRP para la empresa propuesta. Si queremos hacer otra planificación para otro período de tiempo, basta con cambiar los datos de las NB de las tiendas minoristas o los datos sobre *stocks* que tenemos en la primera tabla para que cambien todos los resultados de la hoja.

RESUMEN

- La planificación de recursos de distribución (DRP) es un sistema empleado para la planificación de la producción, a partir de los pronósticos de demanda.

- Con el DRP se pretende planificar hacia adelante, es decir, incluir en la planificación a los centros de distribución que hacen llegar al producto al cliente.

- Mediante la utilización combinada de MRP y DRP se puede planificar conjuntamente la distribución hacia el cliente y el aprovisionamiento hacia los proveedores.

- El DRP sigue la misma lógica que el MRP, pero en lugar de la estructura del producto (explosión de materiales), se emplea la estructura de los centros de distribución para determinar las órdenes de producción.

- En el DRP se distinguen dos tipos de demanda, la demanda de mercado y la demanda que llega a los centros de distribución.

- La demanda de mercado se conoce con incertidumbre, a partir de los métodos de previsión.

- La demanda de mercado se va transformando en órdenes de pedido a lo largo de la cadena de distribución.

- Existen muchos métodos para calcular el DRP. En el método de Brown, la demanda en los centros de distribución determina las necesidades de producción y medios de transporte. En el método de Martin, la demanda se satisface mediante lotes programados, que son los que determinan las necesidades de transporte.

- En el flujo del proceso de construcción del DRP el último eslabón de la cadena de distribución es el que hace la previsión de demanda.

- Las necesidades de los minoristas se agrupan en el siguiente eslabón de la cadena de distribución, teniendo en cuenta los plazos de entrega.

- Cuando estamos en el primer eslabón, las necesidades de toda la cadena de distribución se convierten en necesidades de producción, es decir, en el plan maestro de producción (MPS).

- Las hojas de cálculo son una excelente herramienta para realizar un MRP o un DRP porque realizan de forma rápida cálculos recurrentes.

TEST

7.1. Señala la respuesta correcta sobre el DRP:

    a. Traduce la demanda en necesidades de producción y materiales.

    b. En su desarrollo, las órdenes de producción se van trasladando hacia adelante hasta llegar a la previsión de demanda.

    c. Las órdenes de los clientes van determinando las cantidades necesarias en cada eslabón del canal de distribución.

    d. Ninguna es correcta.

7.2. ¿Cuál de las siguientes es una finalidad de realizar un DRP?

    a. Determinar el plan maestro de producción (MPS).

    b. Traducir la demanda de los mayoristas en necesidades de los minoristas.

    c. Elaborar la planificación agregada de la producción.

    d. Todas las anteriores.

7.3. ¿Cuál de las siguientes afirmaciones es falsa?

    a. Mediante la implosión se convierten las órdenes de un cliente en órdenes de producción.

    b. El proceso de explosión se corresponde con el DRP.

    c. El DRP sigue la lógica del MRP, pero aplicada la cadena de distribución.

    d. En el DRP se distingue la demanda de mercado de la que llega a los centros de distribución.

7.4. En el método de Brown.

    a. La demanda de los centros de distribución determina las necesidades de producción y transporte.

    b. La demanda se satisface mediante pedidos periódicos programados.

    c. La demanda de los clientes se satisface mediante lotes programados por los mayoristas.

    d. Ninguna de las anteriores.

7.5. En el método de Martin:

    a. La demanda de los mayoristas determina las necesidades de distribución de los minoristas.

    b. La demanda de los clientes se satisface mediante órdenes de producción planificados por el MRP.

    c. La demanda se satisface mediante lotes programados.

    d. Ninguna de las anteriores.

7.6. Si tenemos unas NB de 400 unidades, un disponible (D) de 100, un *stock* de seguridad de 50 y unas recepciones programadas (RP) de 50:

    a. Las necesidades netas son de 300 unidades.

    b. El disponible en el período siguiente es de 400 unidades.

    c. Si el tamaño del lote es de 200 unidades, las cantidades necesarias en este período son 200 unidades.

    d. Ninguna de las anteriores.

7.7. En un DRP:

    a. El último eslabón de la cadena de distribución es el que determina el MPS.

    b. Las necesidades de los centros de distribución determinan las necesidades brutas de los minoristas.

    c. Las necesidades en el primer eslabón de la cadena son las que determinan la demanda del cliente final.

    d. Todas las anteriores.

7.8. En un DRP, los pedidos realizados en el pasado que estarán disponibles en la semana 1 se denominan:

    a. Disponible (D1).

    b. Recepciones programadas (RP1).

    c. Necesidades netas (NN1).

    d. Ninguna de las anteriores.

7.9. En un DRP:

    a. El tamaño del lote no se tiene en cuenta para calcular las necesidades netas.

    b. En cada período se tiene en cuenta el disponible al principio de la semana.

    c. El *stock* de seguridad se suma a las necesidades brutas para calcular las necesidades netas.

    d. Todas las anteriores.

7.10. Para calcular las necesidades de producción del MPS a partir de un DRP se toman:

    a. La demanda de los centros de distribución del primer eslabón.

    b. La demanda de los minoristas.

    c. La previsión de demanda del cliente final.

    d. Ninguna de las anteriores.

ACTIVIDADES

7.1. Una bodega ha implantado un sistema DRP para la comercialización de sus botellas de vino. Su sistema de distribución es el que se refleja en la tabla adjunta.

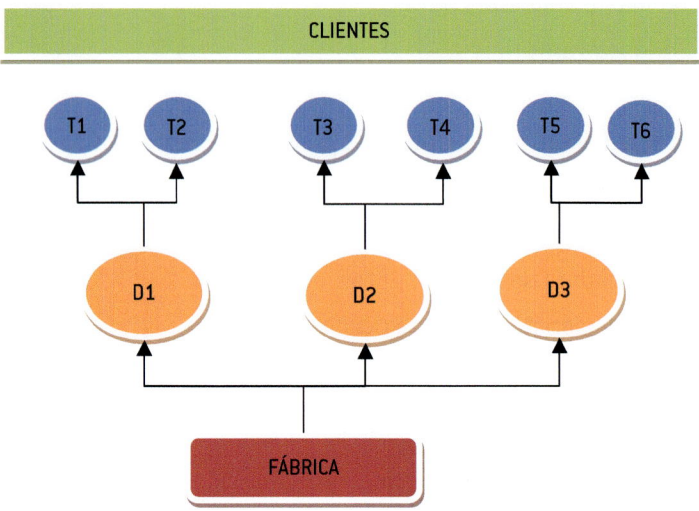

Como se puede apreciar en el gráfico, existen seis tiendas minoristas que venden directamente al público. La bodega vende sus botellas directamente a tres distribuidores que proveen a estas seis tiendas.

Los datos de demanda y de almacén de una determinada referencia son los siguientes:

Demanda de las tiendas minoristas:

Semana	1	2	3	4	5	6	7	8
T1	100	120	130	90	110	120	90	120
T2	40	30	20	30	50	60	30	40
T3	90	80	90	80	70	80	90	80
T4	120	110	130	130	140	120	90	110
T5	60	70	80	60	50	40	60	70
T6	130	120	120	130	140	150	130	120

Datos de almacén.

Código	LOTE	D	SS	RP 1	RP2	Lead
T1	50	20	30	150	0	1
T2	20	30	10	40	20	2
T3	10	40	20	80	60	1
T4	50	15	20	200	100	2
T5	20	40	10	40	40	1
T6	20	150	20	100	100	2
D1	100	60	100	200	0	1
D2	100	120	100	100	100	1
D3	100	100	100	200	200	1

Se pide: elaborar el DRP para la referencia propuesta.

7.2. Los costes de transporte entre cada eslabón de la cadena de producción por unidad son los que se reflejan en las tablas adjuntas.

	T1	T2
D1	1,00 €	1,00 €

	T3	T4
D2	0,50 €	0,60 €

	T5	T6
D3	1,20 €	1,10 €

	D1	D2	D3
BODEGA	0,80 €	0,90 €	0,70 €

Calcula el coste de distribución para el período considerado.

7.3. Una empresa tiene una cadena de distribución con dos mayoristas (D1 y D2) y 5 tiendas (T1,T2, T3, T4 y T5). T1 y T2 hacen sus pedidos a D1 y el resto de tiendas a D2. Los datos de demanda e inventario son los siguientes.

Código	Lote	D	SS	RP1	RP2
T1	20	20	10	0	0
T2	10	30	10	30	0

Las previsiones de demanda, NB, de cada tienda por semana para un período de 2 meses son:

Semana	1	2	3	4	5	6	7	8
T1	10	20	10	15	20	25	10	15
T2	20	25	25	20	15	15	10	15

Se pide:

1. Elaborar las tablas DRP (planificación de recursos de distribución) de las tiendas T1, T2 y del centro de distribución mayorista D1, teniendo en cuenta que los pedidos se entregan en el día.

2. Calcula el MPS (plan maestro de producción) teniendo en cuenta los datos del mayorista D2.

SEMANA	1	2	3	4	5	6	7	8
NNL	0	100	0	200	100	0	0	100